"课课通"普通高校对口升学系列学习指导丛书

课课通

成本会计（财会类）

● 主　编　王月红　● 副主编　颜丙波

電子工業出版社
Publishing House of Electronics Industry
北京·BEIJING

内 容 简 介

本书是“课课通”普通高校对口升学财会类专业系列学习指导丛书之一，依据江苏省教育考试院最新颁布的《江苏省普通高校对口单独招生财会类专业综合理论考试大纲》第三部分《成本会计》的要求编写而成。主要内容包含生产费用和成本计算两章，每章按学习内容分若干节，每节均按学习目标、知识精讲、例题解析、巩固练习四个环节展开，旨在加强学生对基础知识点的巩固；同时，还配有各章的阶段测试卷与综合测试卷，这样既可以起到“温故而知新”的作用，又有利于加强学生对这门学科的掌握。本书的内容从认知论角度出发，由浅入深，由易到难，符合学生的认知规律，更为广大师生的教与学提供了方便。

本书在编写的过程中，融入了每位编者的智慧和汗水，我们只是由衷地希望通过名师的讲解与点拨，精心设计的优化训练，启迪每位学习者的思维，帮助大家赢在学习的起点。同时更希望能为广大有志于通过普通高校对口升学进入大学深造的莘莘学子，搭建一个强有力的平台。

本书可供中等职业学校财会及相关专业的学生使用，也可以作为相关职业的培训用书。

图书在版编目（CIP）数据

课课通成本会计：财会类 / 王月红主编. —北京：电子工业出版社，2014.1

（“课课通”普通高校对口升学系列学习指导丛书）

ISBN 978-7-121-22282-5

Ⅰ. ①课… Ⅱ. ①王… Ⅲ. ①成本会计—中等专业学校—升学参考资料 Ⅳ. ①F234.2

中国版本图书馆 CIP 数据核字（2013）第 317149 号

策划编辑：张 凌 陶 亮
责任编辑：张 凌
印 刷：北京京师印务有限公司
装 订：北京京师印务有限公司
出版发行：电子工业出版社
北京市海淀区万寿路 173 信箱 邮编 100036
开 本：787×1 092 1/16 印张：10.75 字数：275.2 千字
印 次：2014 年 1 月第 1 次印刷
定 价：30.00 元（附试卷）

凡所购买电子工业出版社图书有缺损问题，请向购买书店调换。若书店售缺，请与本社发行部联系，联系及邮购电话：（010）88254888。

质量投诉请发邮件至 zlts@phei.com.cn，盗版侵权举报请发邮件至 dbqq@phei.com.cn。

服务热线：（010）88258888。

前　言

本书是普通高校对口升学财会类专业系列学习指导丛书之一，依据江苏省教育考试院2010年最新颁布的《江苏省普通高校对口单独招生财会类专业综合理论考试大纲》第三部分《成本会计》的要求编写而成。为了配合中等职业学校财会类专业学生更好地学习专业课，在有限的时间内紧紧抓住大纲的重点、难点，理清知识体系，为后续学习打下良好基础，我们特邀了一批具有丰富教学经验的一线骨干教师，编写了本书。

本书主要特色：

1．依据考纲要求，强化单招特色。本书的编写完全依据对口单招高考的要求，有别于一般中等职业教育的专业教材和教辅材料。本书按照考纲顺序编写，在编写过程中，坚持“源于课本、活于课本、高于课本”、“宽基础，多层次；路子正，效率高；题意新，结构巧”的指导思想，结合考情、学情、教情等因素，帮助学生掌握学科的知识特点和规律，提高灵活运用知识的学科能力。

2．结合单招实际，方便教学组织。本书的编写人员长期从事财会专业对口单招教学与研究工作，我们立足单招学生的实际基础水平与认知能力特点，结合单招高考的目标要求，精心组织内容，循序渐进，多角度地帮助学生理解知识，着力培养学生的知识应用能力。相信无论是对于教师的教学还是学生的学习，都会有一定的帮助与促进作用，能提高教学效率，具有实用性、针对性和导向性的特点。

3．联系实际，注重应用。在编写习题时，我们突出了行业针对性和实用性，贯彻了国家、行业最新标准，采用了规范的名词术语和表格形式，题目针对性强，与实践紧密结合。

本书由生产费用和成本计算两章组成。每章按学习内容分若干节，每节均按学习目标、知识精讲、例题解析、巩固练习四个环节展开：

“学习目标”是对考纲要求的分解和细化，并有机整合了知识目标与能力目标；

“知识精讲”是对学习重点、难点内容的归纳与提炼，对高考中可能超纲的内容，做了一些延伸和补充；

“例题解析”是围绕重点学习目标设置典型例题，而且大部分是历年高考题或各市的模拟题，通过对问题的解析，提炼解决方法与思路，提高学生的解题能力；

“巩固练习”着眼于目标达成，强化能力训练，并按高考题的范式编制。

同时，为便于教学质量的检测，每章配有阶段测试卷，另外还配有两套该学科的综合测试卷及参考答案，测试卷及参考答案单独成册，便于使用。

本书由王月红担任主编，颜丙波担任副主编。在本书的编写过程中，我们参考了部分专业书籍，获得了一些单招资深专家的指导和建议，在此，谨对这些资料的原作者以及指导、帮助本书编写的同志们一并表示衷心的感谢！

由于编者水平有限，加之时间仓促，书中难免存在不足之处，敬请广大师生给予批评指正。

编　者

2013 年 10 月

目　录

第 1 章　费用的核算

考纲要求

1. 掌握产品生产成本项目，了解产品成本计算方法，熟悉成本核算的要求和一般程序。

2. 掌握各项费用要素的分配方法。

3. 掌握辅助生产费用分配的直接分配法和交互分配法。

4. 掌握制造费用分配的工时比例法。

5. 掌握生产成本在完工产品和期末在产品之间分配的约当产量法、定额成本法和定额比例法（不分工序、按材料一次投料）。

1.1　概述

学习目标

1. 了解成本、产品成本、成本会计的概念及职能。
2. 熟悉成本核算的要求。
3. 理解产品成本计算方法。
4. 熟悉成本核算的一般程序。
5. 了解生产费用的分类，掌握产品生产成本项目。

知识精讲

一、成本概述

1. 生产费用与产品成本

生产费用按一定的产品加以归集和汇总，就形成产品成本。因此，生产费用的发生是形成产品成本的基础，而产品成本则是对象化的生产费用。但是生产费用通常是指某一时期（月、季、年）内实际发生的费用，而产品成本是指制造业企业为生产一定种类和数量的产品所发生的各种耗费的货币表现，即某一时期某种产品所应负担的费用。按照权责发生制的原则，企业生产费用的发生期与归属产品的期间并不完全一致。归属于当期产品成本中一部分生产费用并非当期发生，而是以前期间发生的生产费用；归属于本期间的生产费用不一定归属于当期产品成本，可能要由以后期间的产品来负担。所以，企业某一时期实际发生的产品生产费用总和不一定等于该期产品成本的总和。某一时期完工产品的成本可能包括几个时期的生产费用，某一时期的生产费用也可能分期计入各期完工产品成本。实际工作中，有些不形成产品价值的损失（如废品损失、季节性和修理期间的停工损失），也计入产品成本。

2. 成本会计的概念及职能

（1）成本会计的概念

成本会计是成本核算与生产经营的直接结合，它是运用专门的管理技术和方法，以货币为主要计量单位，对生产经营过程中的生产耗费进行预测、决策、控制、核算、分析和考核的一系列价值管理活动。

成本会计的对象是产品的生产成本和期间费用。

（2）成本会计的职能

① 成本预测，是根据成本数据和可能发生的具体情况，运用一定的专门方法对未来的成本水平及其变化趋势做出科学的推测与估计。

② 成本决策，是根据成本预测及其他有关资料，制订出优化成本的各种备选方案，运用科学的决策方法，选择最佳成本方案，确定成本目标。

③ 成本计划，是根据成本决策所确定的目标成本，综合计划期的生产任务、降低成本要求及其他有关资料，运用一定的程序方法，具体规划计划期为完成生产经营任务所应支付的成本、费用，并制订相应的实现措施。

④ 成本控制，是指在产品成本形成过程中，按照预先规定的成本计划，对各项实际发生的或将要发生的成本、费用进行审核和监督，及时纠正发现的偏差，使各项耗费都限制在成本计划的范围之内，以保证实现企业的成本目标。

⑤ 成本核算，是对生产经营过程中实际发生的各项耗费，按照一定的对象和标准进行归集和分配，以计算确定各对象的总成本和单位成本。成本核算是成本会计最基本的职能。

⑥ 成本分析，是利用成本核算提供的成本资料及其他有关资料，运用一系列专门方法，分析影响产品成本变动的各种因素，以及各因素变动对产品成本的影响程度。

⑦ 成本考核，是在成本分析的基础上，定期对各成本计划的执行结果进行评价和考核，并根据评价和考核结果采取相应的奖惩措施。

二、成本核算的基本要求

1. 算管结合，算为管用

2. 正确划分各种费用界限

（1）正确划分生产经营性支出和非生产经营性支出的界限

生产经营性支出指用于产品生产和销售、用于组织和管理生产经营活动以及为筹集生产经营资金所发生的各种支出，这些支出应计入产品成本和期间费用；非生产经营性支出指不属于企业日常生产经营管理活动的支出，这些支出应作为资本性支出计入固定资产、无形资产等的成本，然后通过一定方式分期转入或者摊入各项产品成本或期间费用；与企业生产经营活动无直接联系的各项支出应计入营业外支出。

（2）正确划分产品生产成本与期间费用的界限

企业发生的用于产品生产的耗费应计入产品成本，包括直接材料、直接人工和制造费用，并在产品销售之后作为销售成本计入当期损益；而企业发生的销售费用、管理费用和财务费用应从当期损益中扣除。

需要注意的是，企业当月投入的产品不一定当月全部完工，当月完工的产品不一定在当月全部销售，当月销售的产品也不一定是当月的完工产品，因此，当月的生产费用不一定等于计入当月损益的销售成本。同时要防止将应计入产品成本的费用计入期间费用，也要防止将期间费用计入产品成本。

（3）正确划分各个会计期间成本界限

划清各个会计期间成本的依据是权责发生制和谁受益谁承担原则，某项生产耗费是否应计入本期产品成本以及应计入多少，取决于是否应由本期负担以及受益量的大小。某项耗费不论金额大小，只要是本期产品受益，就应计入本期产品成本；如果某项耗费由本期和以后各期共同受益，就应在相关期间内采用适当的方法进行合理计量。

（4）正确划分各种产品生产成本界限

凡属于某种产品单独耗用，能够直接计入该种产品成本的生产费用，就直接计入该种产品的成本；凡属于几种产品共同耗用的，不能直接计入各种产品成本的生产费用，则应采用适当的分配方法，分配计入这几种产品的成本。

（5）正确划分完工产品与在产品的生产费用界限

月末计算产品成本时，如果某种产品全部完工，则这种产品的各项生产费用之和就是该产品的完工产品成本；如果某种产品全部未完工，则这种产品的各项生产费用之和就是该产品的月末在产品成本；如果某种产品一部分已经完工，另一部分尚未完工，则该种产品的各项生产费用应采用适当的分配方法在完工产品和月末在产品之间进行分配，分别计算完工产品成本和月末在产品成本。

3．正确确定财产物资的计价和价值结转方法

4．根据生产特点和管理要求，采用适当的成本计算方法

三、产品成本计算方法概述

制造业企业应根据生产特点和管理要求确定具体的成本计算方法。

1．生产的主要类型

（1）按照生产工艺过程的特点，可分为单步骤和多步骤生产

生产工艺过程是指产品从投料到完工的生产工艺加工过程，它以生产过程是否可以

间断为基本特征。各自的概念、特点、分类及适用范围见表 1-1-1。

表 1-1-1

项　目	单步骤生产	多步骤生产	
概念	生产工艺过程不能间断，不可能或不需要划分几个生产步骤的生产	生产工艺过程可以间断，由若干个步骤组成的可以在不同地点、不同时间进行的生产	
特点	生产工艺简单，生产周期短，生产只能由一个企业独立完成，不可能由几个企业协作完成	生产工艺复杂，生产周期长，产品可以由一个企业生产，也可由几个企业协作完成	
分类		连续加工式生产	装配式生产
适用范围	采掘、发电、供水、供气	钢铁、纺织	机器、钟表、汽车

（2）按照生产组织的特点，可分为大量生产、成批生产和单件生产

各自的概念、特点、分类及适用范围见表 1-1-2。

表 1-1-2

项　目	大 量 生 产	成 批 生 产		单 件 生 产
概念	不断重复生产一种或几种品种相同产品的生产	按照事先约定的批量和数量，生产几种固定产品的生产		根据购货单位的要求，生产个别的、特殊的产品的生产
特点	产品品种较少，生产比较稳定	产品品种较多，而且具有一定的重复性		产品品种规格较多，但很少重复生产
分类		大批生产	小批生产	
适用范围	纺织、冶金、造纸、发电	电机、服装		造船、重型机器制造

说明：大批生产接近于大量生产，小批生产接近于单件生产。

将生产工艺过程的特点和生产组织的特点相结合，可形成不同生产类型。单步骤生产和多步骤连续加工式生产一般是大量大批生产。多步骤装配式生产，可能是大量生产、成批生产或者单件生产。

2. 生产特点和管理要求对成本计算方法的影响

（1）对成本计算对象的影响

成本计算对象是指生产费用归集和分配的对象，即生产费用的承担者。从成本核算的角度看，不同的成本计算对象，形成不同的成本计算的基本方法。如大量、大批单步骤生产以产品品种作为成本计算对象，按照产品品种来计算成本；单件、小批生产以产品的批别作为成本计算对象，按批别来计算产品成本；而多步骤生产不仅可以把产品的品种或产品的批别作为成本计算对象，同时也可以把产品的生产步骤作为成本计算对象。

（2）对成本计算期的影响

① 在大量、大批生产中，一般以会计报告期作为成本计算期，定期按月计算产品成本。成本计算期可能与生产周期不一致，但与会计报告期一致。

② 在单件和小批生产中，成本计算是不定期的，与产品的生产周期一致。

3. 产品成本计算方法确定

（1）产品成本计算的基本方法

① 品种法：以产品品种作为成本计算对象，按照产品品种来归集生产费用、计算产品成本的方法，是成本计算方法中最基本的成本计算方法。

② 分批法：以产品的批别作为成本计算对象，按批别来归集生产费用、计算产品成本的方法。

③ 分步法：以产品的生产步骤作为成本计算对象，按生产步骤来归集生产费用、计算产品成本的方法。

（2）产品成本计算的辅助方法

产品成本计算的辅助方法有分类法、定额法等，一般应与基本方法结合起来使用，不能单独使用。

四、产品成本核算的一般程序

（1）确定成本计算对象，设置生产成本明细账。

成本计算对象的确立，是设置生产成本明细账、正确计算产品成本的前提。企业应根据确立的成本计算对象设置相应的产品成本明细账（产品成本计算单）。

（2）对企业的各项支出、费用进行严格地审核和控制。

（3）将应计入本月产品的各项生产费用，在各种产品之间按照成本项目进行分配和归集，计算出按成本项目反映的各种产品成本。

（4）将计入各种产品成本的生产费用在本期完工产品和期末在产品之间进行分配，结转完工产品成本。

五、费用的分类及产品成本项目

企业生产经营过程中发生的各种耗费可以分为劳动对象方面的费用、劳动手段方面的费用和活劳动方面的费用三大类，称为企业费用的三要素。

1. 按经济内容分类

（1）外购材料。企业耗用的从外部购进的原料及主要材料、半成品、辅助材料、包装物、修理用备件和低值易耗品等。

（2）外购燃料。企业耗用的一切从外部购进的各种燃料，包括固体、液体、气体燃料等。

（3）外购动力。企业耗用的从外部购进的各种动力。

（4）职工薪酬。

（5）折旧费。

（6）利息。

（7）税金。

（8）其他费用。

2. 按经济用途分类

制造业的要素费用按经济用途分为产品成本和期间费用。

（1）产品成本

计入产品成本的生产费用在生产过程中的用途各不相同。有的直接用于产品生产，有的间接用于产品生产。为具体反映产品成本的各种构成内容，将其进一步划分为若干个项目，即产品成本项目。

① 直接材料：是指企业在生产产品和提供劳务过程中所消耗的直接用于产品生产、构成产品实体的原料和主要材料以及有助于产品形成的辅助材料。

② 直接人工：是指企业在生产产品和提供劳务过程中直接参加产品生产的工人工资和生产工人享受的职工福利费、非货币性福利以及为生产工人缴纳的社会保险费、住房公积金等薪酬。

③ 制造费用：是指车间（或分厂）在产品制造过程中发生的各项间接耗费。包括：间接用于产品生产而没有专设成本项目的耗费，如机物料消耗、辅助工人薪酬、车间厂房折旧费等；直接用于产品生产但不便于直接计入产品成本，因而没有专设成本项目的耗费，如机器设备的折旧费等；为组织管理生产所发生的耗费，如车间管理人员薪酬、办公费等。

企业可根据生产特点和管理要求对上述成本项目做适当调整。对于管理上需要单独反映、控制和考核的，以及在产品成本中占比重较大的耗费，应专设成本项目；否则，为了简化核算，不必专设成本项目。例如，如果产品耗用自制或外购的燃料和动力耗费较大，可增设“燃料和动力”成本项目，予以单独核算、控制和考核；如果废品损失在产品成本中所占比重较大，在管理上需要对其进行重点控制和考核，则应单设“废品损失”成本项目。

（2）期间费用

期间费用按其经济用途可分为销售费用、管理费用和财务费用。

3. 按计入产品成本的方法分类

（1）直接成本：是指可以分清哪种产品所耗用，可以直接计入某种产品成本的成本，如某种产品领用的材料、某种产品的生产工人工资等。

（2）间接成本：是指不能分清哪种产品所耗用，不能直接计入某种产品成本的成本，而必须按照一定标准分配计入有关产品成本的耗费，如机物料消耗、辅助工人薪酬、车间厂房折旧费等。

例题解析

例 1-1-1 （单项选择题）产品成本是指制造业企业为生产一定种类和数量的产品所支出的各项（　　）。

A．生产费用之和　　B．生产经营管理费用总和

C．经营管理费用总和　　D．料、工、费及经营管理费用总和

答案 A。

例 1-1-2 （填空题）产品成本是生产耗费的__________。

答案 对象化。

例 1-1-3 （单项选择题）对生产过程中发生的费用，按一定的对象进行归集和分配，采用适当的方法计算出成本计算对象的总成本和单位成本的过程，称为（　　）。

A．成本预测　　B．成本决策　　C．成本核算　　D．成本考核

答案 C。

要点解析 成本核算职能的概念。

例 1-1-4 （判断题）企业某一会计期间实际发生的生产费用总和一定等于该会计期间产品成本的总和。（　　）

答案 ×。

要点解析 由于受期初、期末在产品成本的影响，企业某一会计期间实际发生的生产费用不一定等于该会计期间产品成本。

例 1-1-5 （单项选择题）选择产品成本计算基本方法时应考虑的因素是（　　）。

A．产品消耗定额是否准确、稳定　　B．产品种类是否繁多

C．生产工艺和生产组织特点及成本管理要求

D．能够简化并加速成本计算工作

答案 C。

例 1-1-6 （判断题）成本计算对象是区分产品成本计算各种方法的主要标志。（　　）

答案 √。

例 1-1-7 （单项选择题）下列一般不属于成本项目的是（　　）。

A．直接材料　　B．管理费用　　C．直接人工　　D．制造费用

答案 B。

例 1-1-8 （判断题）直接材料既可能直接计入费用，也可能间接计入费用。（　　）

答案 √。

巩固练习

一、单项选择题

1. 产品的理论成本由（　　）构成。
   A. 耗费的生产资料价值
   B. 劳动者为社会创造的价值
   C. 劳动者为自己的劳动所创造的价值
   D. A 和 C
2. 成本会计最基本的职能是（　　）。
   A. 成本预测　　B. 成本决策
   C. 成本核算　　D. 成本考核
3. 成本会计的对象是（　　）。
   A. 产品成本的形成过程
   B. 各项生产费用的归集和分配
   C. 各行业企业生产经营业务的成本和有关的经营管理费用
   D. 制造业成本费用
4. 下列费用应计入产品成本的是（　　）。
   A. 管理费用　　B. 财务费用
   C. 销售费用　　D. 废品损失
5. 正确计算产品成本，应做好的基础工作是（　　）。
   A. 正确确定财产物资的计价　　B. 正确划分各种费用界限
   C. 确定成本计算对象　　D. 建立和健全原始记录工作
6. 下列支出属于资本性支出的是（　　）。
   A. 购入专利权　　B. 支付水电费
   C. 购入印花税票　　D. 支付利息费用
7. 用来核算企业为生产产品和提供劳务而发生的各项间接费用的账户是（　　）。
   A. 基本生产成本　　B. 制造费用
   C. 管理费用　　D. 财务费用
8. 下列各项不应计入产品成本的是（　　）。
   A. 废品损失　　B. 营业费用
   C. 修理期间的停工损失　　D. 季节性停工损失
9. 应计入产品成本，但不专设成本项目的各种费用，应（　　）。
   A. 直接计入当期损益　　B. 作为管理费用处理
   C. 作为制造费用处理，期末再通过分配计入产品成本

D．直接计入生产成本科目

10．生产费用按照（　　　）的分类是最基本、最原始的分类。

A．经济用途　　B．经济内容

C．其归属性　　D．其与产品产量的关系

11．生产组织和管理要求对产品成本计算方法的影响主要体现在（　　　）上。

A．产品成本计算对象　　B．产品成本计算期

C．完工产品和在产品的费用分配　　D．要素费用的归集和分配

12．企业的管理费用、财务费用和销售费用这三部分属于企业的（　　　）。

A．制造费用　　B．期间费用

C．生产费用　　D．经营费用

13．为了按月考核和分析产品成本计划完成情况，企业必须按月结转费用并据以计算产品成本。对于应计入产品成本的费用，首先应（　　　）。

A．正确划分应计入产品成本和不应计入产品成本的费用界限

B．正确划分各个月份的费用界限

C．正确划分各种产品的费用界限

D．正确划分完工产品与在产品的费用界限

14．企业经营管理的核心是（　　　）。

A．不断降低产品成本　　B．努力提高产品质量

C．增加产品销售量　　D．提高经济效益

二、多项选择题

1．产品成本的作用有（　　　）。

A．产品成本是补偿生产耗费的尺度

B．产品成本是综合反映企业工作质量的重要指标

C．产品成本是制定产品价格的一项重要因素

D．产品成本是企业进行决策的重要依据

2．下列属于成本项目的是（　　　）。

A．自制半成品　　B．外购材料

C．直接人工　　D．折旧费

3．生产费用按照经济内容分类的项目有（　　　）。

A．直接材料费　　B．外购动力

C．直接人工　　D．折旧费

4．产品生产过程中耗用的直接材料包括（　　　）。

A．原料　　B．备品配件　　C．燃料

D．动力　　E．低值易耗品

5．根据现行会计制度规定，下列各项虽不形成产品价值，但应计入产品成本的有（　　　）。

A．废品损失　　　　　　　　　　B．季节性停工损失
C．自然损耗　　　　　　　　　　D．非常损失
E．固定资产修理期间的停工损失

6．在进行成本核算时需要正确划分的各种费用界限包括（　　）。
A．正确划分应计入费用与不应计入费用的界限
B．正确划分产品成本与期间费用的界限
C．正确划分各个月份的费用界限
D．正确划分各种产品的费用界限
E．正确划分完工产品与在产品的费用界限

7．下列各项中，属于工业企业费用要素的是（　　）。
A．废品损失　　B．外购材料　　C．折旧费用
D．直接材料　　E．工资及福利费

8．成本会计的法规制度主要包括（　　）等法律规范。
A．会计法律　　B．会计行政法规
C．会计规章　　D．企业内部成本会计制度和管理办法

9．下列说法正确的有（　　）。
A．成本预测是成本决策的前提　　B．成本计划是成本决策目标的具体化
C．成本控制对成本计划的实施进行监督
D．成本分析和考核为以后的预测和决策以及编制新的成本计划提供依据

10．应计入产品生产成本的直接人工费用有（　　）。
A．基本生产车间管理人员的工资　　B．基本生产车间生产工人的工资
C．辅助生产车间生产工人的工资　　D．企业管理人员的工资

三、判断题

1．为促使企业节约耗费、减少生产损失，对某些不形成产品价值的损失也作为生产费用，计入产品的成本。（　　）

2．成本的经济实质是生产经营过程中所耗费的资金总和。（　　）

3．期间费用不计入产品成本，但它是成本会计的核算内容。（　　）

4．只有制造业才有成本会计。（　　）

5．要素费用中的外购材料与成本项目中的直接材料费用内涵是一致的。（　　）

6．同一个企业可能同时应用几种不同的产品成本计算方法。（　　）

7．固定资产折旧费是产品成本的组成部分，应该全部计入产品成本。（　　）

8．基本生产车间的固定资产修理费是产品成本的组成部分，应当直接计入产品成本。（　　）

9．在制造成本法下，企业的生产成本包括直接材料费、直接人工费及制造费用，所以凡是企业的材料费、人工费以及制造费用都应全部计入产品生产成本。（　　）

10．生产费用按照经济用途分类是最基本、最原始的分类。(　　　)

1.2　费用要素的分配和核算

学习目标

1．掌握原材料费用的归集和分配方法。

2．了解燃料、外购动力费用、低值易耗品、职工薪酬、固定资产折旧费用的归集与分配方法。

知识精讲

一、费用要素分配的一般方法

对于只生产一种产品的企业来说，所发生的生产耗费都是直接成本，均可直接计入该种产品的生产成本。

对于生产多种产品的企业，则首先必须区分直接成本和间接成本，直接成本应直接计入各种产品成本，间接成本则在有关账户先进行归集，然后采用适当的方法分配计入各种产品成本。

分配间接成本的标准主要有重量、生产工时、生产工人工资、机器工时等。

分配间接计入费用的计算公式：

费用分配率 ＝ 待分配费用总额 ÷ 分配标准总额

某种产品或某分配对象应负担的费用 = 该种产品或对象分配标准额 × 费用分配率

二、材料费用的归集和分配方法

1．材料费用的归集

材料费用的归集，就是按照材料品种和规格计算确定本期耗用材料的总成本，进行材料发出的核算。

2．材料费用的分配方法

材料费用的分配，就是按照发出材料的具体经济用途和发生地点将本期发生的原材料费用在各受益部门、产品之间进行分配，并将其计入有关总账和明细账的成本项目。其分配方法有直接计入和间接计入两种。

(1) 原材料费用直接计入产品成本的核算

企业在生产过程中领用的原材料，凡能根据领料凭证确定其被某一种产品耗用的，直接计入该种产品生产成本明细账的“直接材料”成本项目。

（2）原材料费用间接计入产品成本的核算

间接计入产品成本的原材料费用，主要是指被几种产品共同耗用的原材料。在材料消耗定额比较准确的情况下，对于几种产品共同耗用的原材料，一般运用材料定额消耗量的比例或材料定额成本的比例进行分配。

① 材料定额消耗量比例法

材料定额消耗量比例法，是以原材料的定额消耗量为分配标准进行分配的一种方法。

定额消耗量是指一定产量下按照消耗定额计算的可以消耗的数量。

其计算公式如下：

$$\text{某种产品材料定额消耗量} = \text{该产品实际产量} \times \text{单位产品材料消耗定额}$$

$$\text{原材料费用分配率} = \frac{\text{应分配的原材料费用}}{\text{各种产品材料定额消耗总量}}$$

$$\text{某种产品应分配的原材料费用} = \text{该种产品原材料定额消耗量} \times \text{原材料费用分配率}$$

以上是按定额消耗量比例直接分配材料费用的方法，核算工作较为简单。实际工作中为了考核材料消耗定额的执行情况，便于加强原材料消耗的实物管理，但核算工作量大，也可按以下公式核算：

$$\text{某种产品材料定额消耗量} = \text{该产品实际产量} \times \text{单位产品材料消耗定额}$$

$$\text{材料消耗量分配率} = \frac{\text{材料实际总消耗量}}{\text{各种产品材料定额消耗总量}}$$

$$\text{某种产品应分配的原材料数量} = \text{该种产品原材料定额消耗量} \times \text{原材料消耗量分配率}$$

$$\text{某种产品应分配的原材料费用} = \text{某种产品应分配的原材料数量} \times \text{材料单价}$$

② 材料定额费用比例法

材料定额费用比例法，是以原材料的定额成本为分配标准进行原材料费用分配的一种方法。

材料定额费用是根据各种产品实际产量和单位产品该种材料费用定额计算的。

其计算公式如下：

$$\text{某种产品材料定额费用} = \text{该产品实际产量} \times \text{单位产品材料消耗定额}$$

$$\text{原材料费用分配率} = \frac{\text{应分配的各种原材料费用总额}}{\text{各种产品原材料定额费用总额}}$$

$$\text{某种产品应分配的实际原材料费用} = \text{该种产品原材料定额费用} \times \text{原材料费用分配率}$$

在实际工作中，材料的分配过程是按“四分”步骤进行的，即分配标准的选择、分配率计算、分配额计算、分录。最后一步的分录根据材料的用途计入相关账户的借方，如：①生产产品领用材料计入“生产成本——基本生产成本”总账及明细账的“直接材料”成本项目；②辅助生产车间领用的原材料，应计入“生产成本——辅助生产成本”总账及其所属明细账的费用（或成本）项目；③基本生产车间管理耗用的原材料费用应计入“制造费用”账户；④企业管理部门耗用的原材料费用计入“管理费用”账户；⑤专设销售机构耗用的原材料费用计入“销售费用”账户。贷方计入“原材料”账户。

三、外购动力费用的归集和分配

企业耗用的动力如电力、蒸汽等，可能来源于外购和自制两个方面。自制动力由于其费用归集于辅助生产车间，故其费用的归集和分配属于辅助生产费用核算，这里只讨论外购动力费用的分配。

企业耗用的动力一般可用仪器、仪表来计量，可直接根据计量的数量乘以单价得到各部门各种产品应负担的动力费用。对于企业在生产工艺过程中耗用的动力，如果不能直接根据计量仪器测定各种产品的耗用量，就需按照一定的分配标准将耗用的动力费用分配到各种产品成本中去。常用的分配标准有机器工时和马力工时。计算公式如下：

$$\text{外购动力费用分配率}=\frac{\text{外购动力费用总额}}{\text{各车间、部门动力耗用量之和}}$$

$$\text{某车间、部门应分配外购动力费用}=\text{该部门、车间动力耗用量}\times\text{外购动力费用分配率}$$

$$\text{某车间外购动力费用分配率}=\frac{\text{该车间外购动力费用总额}}{\text{该车间各种产品生产工时之和}}$$

$$\text{某种产品应分配外购动力费用}=\text{该产品生产工时}\times\text{该车间动力费用分配率}$$

实际工作中，外购动力费用的分配是通过编制“外购动力费用分配表”进行的。按照不同的用途进行分配。

四、燃料费用的归集和分配

1. 燃料费用的归集

当燃料费用占产品成本比重较大时，产品成本明细账中应单独设置“燃料和动力”成本项目；存货核算应增设“燃料”一级账户；燃料费用分配表应单独编制。当燃料费用占产品成本比重较小时，产品成本明细账中可不单独设置“燃料和动力”成本项目，而将燃料费用直接计入“直接材料”成本项目；存货核算中“燃料”可作为“原材料”账户的二级账户进行核算；燃料费用分配可在材料费用分配表中加以反映。

2. 燃料费用的分配

当只生产一种产品时，直接计入成本；当生产多种产品时，可采用相应的分配标准。如：重量、体积、所耗原材料的数量或费用，或按燃料定额消耗量或者定额费用进行分配。

五、职工薪酬的归集和分配

1. 工资的计算

应付工资 = 计时工资 + 计件工资 + 加班加点工资 + 奖金 + 津贴和补贴 + 特殊情况下支付的工资

实发工资 = 应付工资 − 各种扣款合计

（1）计时工资

在我国，一般采用月薪制计算。

应付某职工计时工资 = 月标准工资 − 事假天数 × 日标准工资 − 病假天数 × 日标准工资 × 病假扣款比例

日工资率（日标准工资）= 某职工月标准工资 ÷ 月平均工作天数

月平均工作天数 =（全年日历天数 365 − 双休日天数 104）÷ 12 = 21.75（天）

（2）计件工资

应付计件工资 =（月内该职工每种产品产量 × 该种产品的计件单价）之和

2. 工资的分配

采用计件工资形式支付的产品生产工人工资，一般可以直接计入所生产产品的成本。

采用计时工资形式支付的工资，如果生产车间或工人只生产一种产品，可以将工资费用直接计入该种产品成本；如果生产多种产品，则需要选用合理的分配方法，在各种产品之间分配。按照职工工资总额的一定比例提取的职工福利费，一般可以并入工资总额进行分配。分配标准通常是按各种产品的生产工时（实际工时或定额工时）比例进行分配。计算公式如下：

$$工资分配率 = \frac{生产工人工资总额}{各种产品生产工时（实际或定额）总数}$$

某种产品应分配工资 = 该种产品生产工时（实际或定额）× 工资分配率

实际工作中，职工薪酬费用的分配是通过编制“职工薪酬费用分配表”进行的。

例题解析

例 1-2-1 （计算题）假设某制造企业生产甲、乙两种产品，共同耗用原材料 17 820 千克，每千克 5 元，产品的产量分别为甲产品 2 550 件，乙产品 1 000 件，每件产品的该种材料消耗定额为甲产品 4 千克，乙产品 6 千克。

要求：采用定额消耗量比例法分配原材料费用。

解法1

（1）各种产品按实际产量计算的定额耗用量

甲产品：2 550 × 4 = 10 200（千克）

乙产品：1 000 × 6 = 6 000（千克）

（2）材料费用分配率 =（17 820 × 5）÷（10 200+6 000）= 5.5（元/千克）

（3）各种产品应分配的材料费用

甲产品：10 200 × 5.5 = 56 100（元）

乙产品：6 000 × 5.5 = 33 000（元）

仍以上例资料说明如下。

解法2

（1）各种产品按实际产量计算的定额耗用量

甲产品：2 550 × 4=10 200（千克）

乙产品：1 000 × 6=6 000（千克）

（2）材料消耗量分配率=17 820 ÷（10 200 + 6 000）= 1.1

（3）甲产品应分配的材料数量 = 10 200 × 1.1 = 11 220（千克）

乙产品应分配的材料数量 = 6 000 × 1.1 = 6 600（千克）

（4）甲产品应分配的材料费用 = 11 220 × 5 = 56 100（元）

乙产品应分配的材料费用 = 6 600 × 5 = 33 000（元）

例 1-2-2 （计算题）某企业基本生产车间生产甲、乙两种产品，共同耗用 A 材料 64 000 元，2012 年 5 月甲、乙两种产品的产量分别为 298 件、110 件，两种产品原材料的单位消耗定额分别为 50 千克/件和 10 千克/件，假定该企业的 A 材料的单价为 3.2 元/千克。

要求：采用定额费用比例法进行原材料费用的分配。

解 根据上述资料，编制原材料费用分配表如表 1-2-1 所示。

表 1-2-1 原材料费用分配表

2012 年 5 月

产品名称	产量（件）	单位消耗定额（千克/件）	计划单价（元/千克）	单位定额成本（元/件）	定额成本（元）	分配率	分配金额（元）
甲产品	298	50	3.2	160	47 680		59 600
乙产品	110	10	3.2	32	3 520		4 400
合计	—	—	—	—	51 200	1.25	64 000

注：① 甲产品的材料定额成本 = 298 ×（50 × 3.2）= 47 680（元）

乙产品的材料定额成本 = 110 ×（10 × 3.2）= 3 520（元）

② 原材料费用分配率= $\frac{64\,000}{47\,680 + 3\,520}$ =1.25

③ 甲产品应分配的实际原材料费用 = 47 680 × 1.25 = 59 600（元）

乙产品应分配的实际原材料费用 = 3 520 × 1.25 = 4 400（元）

例 1-2-3 （计算题）某企业 2012 年 8 月发生电力费用 18 200 元，用电度数 28 000 度，其中基本生产用电 26 500 度，基本生产车间照明用电 600 度，企业管理部门照明用电 800 度，福利部门照明用电 100 度。该企业基本生产车间生产甲、乙两种产品，甲产品生产工时为 12 000 工时，乙产品生产工时为 9 200 工时。

要求：将电力费用在各部门、产品之间进行分配。

解

（1）外购电力费用分配率 = 18 200 ÷ 28 000 = 0.65（元/度）

（2）各部门应负担的外购电力费用

基本生产车间生产产品：26 500 × 0.65 = 17225（元）

基本生产车间照明：600 × 0.65 = 390（元）

企业管理部门照明：800 × 0.65 = 520（元）

企业福利部门照明：100 × 0.65 = 65（元）

（3）各产品电力费用分配率 = 17 225 ÷（12 000 + 9 200）= 0.812 5（元/工时）

（4）甲产品应负担的电力费用 = 12 000 × 0.812 5 = 9 750（元）

乙产品应负担的电力费用 = 9 200 × 0.812 5 = 7 475（元）

账务处理如下：

借：生产成本——基本生产成本——甲产品　　9 750

　　生产成本——辅助生产成本——乙产品　　7 475

　　制造费用　　390

　　管理费用　　520

　　应付职工薪酬——福利　　65

　贷：银行存款（或应付账款）　　18 200

例 1-2-4　（计算题）设某企业职工张山月标准工资为 1 510 元，10 月份共 31 天。张山出勤 17 天，病假 3 天，事假 2 天，星期休假 9 天。病事假期间无休息日，按工龄，张山病假工资按标准工资的 80%计算。

要求：计算张山 10 月份计时工资。

解 日工资率 = 1 510 ÷ 21.75 = 69.43（元）

应扣病假工资 = 69.43 × 3 ×（1 − 80%）= 41.66（元）

应扣事假工资 = 69.43 × 2 = 138.86（元）

应付计时工资 = 1 510 − 41.66 − 138.86 = 1 329.48（元）

巩固练习

一、单项选择题

1. 用于生产产品构成产品实体的原材料费用应计入（　　）账户。

　A. 生产成本　　B. 制造费用

　C. 销售费用　　D. 管理费用

2．几种产品共同耗用的原材料费用，常用的分配方法是（　　）。

A．计划成本分配法　　B．定额耗用量比例分配法

C．工时比例分配法　　D．工人工资比例分配法

3．几种产品共同耗用的动力费用，常用的分配标准是（　　）。

A．生产工时　　B．机器工时

C．定额产量　　D．生产工人工资

4．直接用于产品生产的燃料，应直接或分配计入的账户是（　　）。

A．制造费用　　B．管理费用

C．财务费用　　D．生产成本

5．对外购动力费的分配，应借记有关成本费用账户，贷记（　　）账户。

A．应付账款　　B．制造费用

C．管理费用　　D．生产成本

6．下列各项中，不计入生产成本中“直接人工”成本项目的有（　　）。

A．产品生产工人工资　　B．车间管理人员工资

C．按产品生产工人工资提取的福利费　　D．产品生产工人的奖金

7．根据“工资结算汇总表”和“直接人工费用分配表”进行分配结转工资账务处理时，会计分录不可能对应的借方科目有（　　）等。

A．制造费用　　B．管理费用

C．生产成本　　D．财务费用

8．几种产品共同发生的工资费用，常用的分配标准有（　　）。

A．实际生产工时　　B．生产工人人数

C．机器工时　　D．马力工时

9．长病假人员的工资应计入（　　）。

A．生产成本　　B．营业外支出

C．制造费用　　D．管理费用

10．应办理假退料手续的是（　　）。

A．本月已领未用材料　　B．本月已领未用，下月需用的材料

C．废料　　D．加工完成的材料

11．下列分配方法中，不宜作为原材料费用分配方法的是（　　）。

A．定额费用比例分配法　　B．生产工人工时比例分配法

C．重量分配法　　D．定额消耗量比例分配法

二、多项选择题

1．下列应计入产品成本的“直接材料”成本项目的有（　　）。

A．用于制造产品并构成产品实体的原材料及主要材料

B．制造产品耗用但不构成产品实体的辅助材料

C．车间设备维修耗用的物料

D．制造产品耗用的燃料

E．制造产品时产生的边角余料成本

2．材料费用的分配标准有（　　）。

A．材料定额消耗量　　B．辅助材料消耗量

C．产品体积　　D．产品工时定额　　E．产品重量

3．采用实际成本计价组织材料核算时，发出材料价格确定的方法有（　　）等。

A．先进先出法　　B．加权平均法

C．移动平均法　　D．个别计价法

4．低值易耗品的摊销方法有（　　）。

A．一次摊销法　　B．综合摊销法

C．五五摊销法　　D．分次摊销法　　E．工时摊销法

5．材料发出核算中，可能借记的科目是（　　）。

A．制造费用　　B．管理费用

C．生产成本　　D．应付工资　　E．财务费用

6．记录材料消耗量的原始凭证主要有（　　）等。

A．领料登记表　　B．退料单

C．限额领料单　　D．领料单　　E．入库单

7．工资费用核算的重要原始记录（　　）。

A．考勤记录　　B．工资级别

C．工龄　　D．产量记录　　E．工时记录

8．工资中的奖金是指（　　）。

A．生产奖　　B．节约奖

C．劳动竞赛奖　　D．奖励工资　　E．发明奖

9．“直接人工”费用成本项目包括的内容主要有（　　）。

A．产品生产工人的计时工资和计件工资

B．产品生产工人的奖金、津贴和补贴

C．产品生产工人的加班工资

D．产品生产工人停工待料的时间工资

E．管理人员工资

10．要素费用中的税金包括（　　）。

A．增值税　　B．所得税

C．房产税　　D．印花税

11．职工的计件工资，可能计入（　　）账户的借方。

A．生产成本——基本生产成本　　B．生产成本——辅助生产成本

C．制造费用　　D．管理费用

12．下列固定资产中，其折旧额应计入产品成本的有（　　）。

A．车间生产用设备　　B．厂部管理用设备

C．生产车间房屋　　D．专设销售机构用汽车

三、判断题

1．定额消耗量比例法是以定额成本作为分配标准的。（　　）

2．工资费用的原始记录包括考勤记录和产量记录。（　　）

3．企业福利人员的工资及福利费均由职工福利费开支。（　　）

4．不设立“燃料和动力”成本项目的产品，其燃料消耗可计入“直接材料”成本项目。（　　）

5．凡属生产车间领用的原材料费用，最终都要结转到产品成本的“直接材料”项目。（　　）

6．企业固定资产的折旧费用应全部计入产品成本。（　　）

7．集体计件工资与个人计件工资的计算方法完全相同。（　　）

8．月薪制是根据职工的标准工资、出勤日数和日工资计算的。（　　）

9．基本生产车间的设备修理费是产品成本的组成部分，应当直接计入产品成本。（　　）

10．车间管理人员的工资不属于直接工资，因而不能计入产品成本，应计入管理费用。（　　）

11．凡是包括在工资总额的各种工资、奖金、津贴等，不论是否在当月支付，都应通过“应付职工薪酬”账户核算。（　　）

12．职工福利费计入成本费用的方法与工资的计入方法基本相同。（　　）

四、计算题

1．某企业生产甲、乙两种产品，共同耗用某种材料500千克，每千克4元。甲产品的实际产量为150件，单件产品材料消耗定额为4千克；乙产品的实际产量为80件，单件产品材料消耗定额为5千克。

要求：按定额消耗量比例法计算甲、乙产品各自应负担的材料费用。

2．甲、乙产品领用 A、B 两种材料，共计 66 480 元，本月投产甲种产品 200 件，乙种产品 100 件。甲产品的消耗定额为 A 材料 5 千克，B 材料 8 千克；乙产品材料消耗定额为 A 材料 7 千克，B 材料 9 千克。A、B 材料的实际单价分别为 12 元、14 元。

要求：按定额费用比例法计算甲、乙产品各自应负担的材料费用。

3．某企业生产甲、乙、丙三种产品。本月三种产品共同耗用 A 材料 16 800 千克，每千克 25 元，总金额 420 000 元，三种产品本月的产量分别为 2 000 件、1 600 件、1 200 件，A 材料的单位消耗定额分别为 3 千克、2.5 千克、5 千克。

要求：按定额消耗量比例法分配 A 材料费用，并将分配结果填入表 1-2-2 中。

表 1-2-2　A 材料费用分配表

产品名称	产品产量（件）	单位消耗定额（千克）	定额消耗总量（千克）	分配率	应分配材料费用（元）
甲产品					
乙产品					
丙产品					
合计					

4．企业生产 A、B 两种产品，发生共同材料费用 19 600 元。单位产品材料消耗定额分别为 5 千克和 15 千克，产量分别为 200 件和 100 件，材料的计划单位成本为 8 元。

要求：按定额费用比例法分配材料费用，填入表 1-2-3 中。

表 1-2-3　材料费用分配表

产品名称	产量（件）	单位产品定额成本			定额成本总额（元）	分配率	分配金额（元）
		单位消耗定额（千克）	计划单价（元/千克）	单位定额成本（元/件）			
A 产品							
B 产品							
合计							

5．某厂本月应付外购电费 36 000 元，其中产品生产用电 30 000 元，车间管理用电 2 000 元，厂部管理用电 4 000 元。本月该厂生产的甲、乙、丙三种产品的实际生产工时分别为 8 000、4 000 和 3 000 小时。

要求：

（1）采用生产工时分配法分配外购电费，填入表 1-2-4 中。

（2）编制分配结转应付电费的会计分录。

表 1-2-4　外购电费分配表

产品名称	实际工时（小时）	分配率	分配金额（元）
甲产品			
乙产品			
丙产品			
合计			

6．某公司本月支付给职工的工资及有关支出如下：生产工人计时工资 40 000 元，计件工资 5 000 元，中、夜班津贴费 680 元，加班加点工资 400 元，管理人员工资 13 000 元，医务、福利部门人员工资 1 100 元，长期病假人员工资 859 元，全公司职工生产奖 5 800 元，各种补贴 3 700 元，退休职工工资 8 470 元。

要求：

（1）计算该公司本月工资总额。

（2）计算该公司本月应计提职工福利费的金额。

1.3 辅助生产费用的核算

学习目标

1. 了解辅助生产费用分配的各种方法。
2. 掌握辅助生产费用分配的直接分配法和交互分配法。

知识精讲

一、辅助生产费用概述

1. 辅助生产

辅助生产是指主要为基本生产车间、企业行政管理部门等单位提供服务而进行的产品生产和劳务供应。辅助生产提供的产品和劳务有时也对外销售，但这不是辅助生产的主要任务。

2. 辅助生产的特点

（1）有的辅助生产车间只生产一种产品或提供一种劳务，如供电、供水、供气、运输等辅助生产。

（2）有的辅助生产车间生产多种或提供多种劳务，如从事工具、模具、修理用备件的制造及机器设备修理等辅助生产车间。

3. 辅助生产费用

辅助生产费用是指辅助生产车间在生产产品或提供劳务过程中发生的全部费用。

二、辅助生产费用的归集

辅助生产费用的归集，是通过“生产成本——辅助生产成本”账户进行的。辅助生产车间发生直接费用，如直接材料、直接人工等，直接计入“生产成本——辅助生产成本”账户的借方。发生制造费用，若数额较大，可先通过“制造费用—— ×× 辅助生产车间”账户的借方归集，月末再转入 “生产成本——辅助生产成本”账户的借方。若数额较小，也可以不设置“制造费用—— ×× 辅助生产车间”账户，而是将辅助生产车间为组织管理生产发生的各项费用直接计入“生产成本——辅助生产成本”账户及其明细账。

三、辅助生产费用的分配

辅助生产费用的分配，就是将归集在“生产成本——辅助生产成本”账户及其所属明细账户借方的辅助生产费用，采用一定的方法计算其总成本和单位成本，并按受益对象的耗用数量进行分配，从“生产成本——辅助生产成本”账户分别转入有关账户中。

1．辅助生产费用的分配方法

分配辅助生产费用的方法通常包括：直接分配法、交互分配法（一次交互分配法）、计划成本分配法、代数分配法和顺序分配法等，见表 1-3-1 和表 1-3-2。

表 1-3-1　辅助生产费用分配方法（一）

项　　目	直接分配法	交互分配法
概念	分配辅助生产费用时，不考虑辅助生产车间之间相互提供的劳务或产品的因素，而将各辅助生产车间发生的费用直接分配给辅助生产车间以外各受益单位的一种方法	先根据各辅助生产车间相互提供的劳务量和交互分配前单位实际成本进行一次交互分配，然后将各辅助生产车间交互分配后的费用再按劳务耗用量分配给辅助生产车间以外各受益单位的一种分配方法
计算过程	（1）计算辅助生产单位成本（分配率） （2）计算辅助生产车间以外受益单位应分配费用额	（1）交互分配 ① 计算交互分配率 ② 计算某辅助生产车间应分配费用 （2）计算辅助生产车间交互分配后实际费用总额（交互分配前的费用加上交互分配转入的费用，减去交互分配后转出的费用） （3）对外分配 ① 计算对外费用分配率 ② 计算某受益单位应分配费用额
评价	优点：各辅助生产车间费用只对辅助生产车间以外的受益单位分配一次，所以该方法简便易行 缺点：辅助生产车间相互提供劳务或产品不分配费用，计算结果不够准确，导致分配结果失真	优点：由于辅助生产内部相互提供的劳务全部进行交互分配，提高了分配结果准确性 缺点：各辅助生产费用均计算两个分配率，进行两次分配，因而计算工作量较大
适用条件	辅助生产车间相互不提供产品和劳务，或者提供产品和劳务较少的企业	辅助生产车间较少的企业

表 1-3-2　辅助生产费用分配方法（二）

项　　目	计划成本分配法	代数分配法	顺序分配法
概念	按照辅助生产车间提供劳务或产品的计划成本和各受益对象实际耗用量分配辅助生产费用的方法	根据解联立方程的原理，计算辅助生产劳务成本，然后根据各受益单位耗用量和单位成本分配辅助生产费用的方法	按照各辅助生产车间受益多少顺序排列，然后再依次分配辅助生产费用

续表

项　目	计划成本分配法	代数分配法	顺序分配法
计算过程	（1）计算各受益单位按计划单位成本分配费用额 （2）将各辅助生产车间实际发生的费用（计划成本分配前已归集的费用加上计划成本分配时转入的费用）与该车间计划成本转出费用之间的差额计入管理费用	（1）建立联立方程组计算辅助生产产品或劳务单位成本 （2）计算各受益单位费用分配额	（1）受益少排列在前，受益多排列在后 （2）排列在前的先分配出去，排列在后的后分配出去
评价	优点：简化和加速核算工作；便于考核和分析各受益单位或部门的经济责任	优点：计算结果最准确 缺点：如果辅助生产车间较多，计算工作量大	优点：计算简便，各种辅助生产费用只计算一次 缺点：排列在先的不负担排列在后的费用，分配结果不够准确
适用条件	辅助生产产品或劳务计划单位成本比较准确的企业	辅助生产车间较少或已经实现会计电算化的企业	辅助生产车间相互提供劳务，受益情况有明显顺序的企业

2. 辅助生产费用分配的计算公式

（1）直接分配法的计算公式如下。

$$\text{辅助生产费用分配率}=\frac{\text{该辅助生产车间归集的费用总额}}{\text{该辅助生产车间提供劳务总量}-\text{对其他辅助生产车间提供的劳务量}}$$

$$\text{辅助生产车间以外的受益部门应分配费用}=\text{该部门受益劳务数量}\times\text{辅助生产费用分配率}$$

（2）交互分配法的计算公式如下。

① 第一次交互分配（辅助生产车间之间进行费用分配）：

$$\text{交互费用分配率}=\frac{\text{该辅助生产车间交互分配前的费用总额}}{\text{该辅助生产车间提供的劳务总量}}$$

$$\text{交互分配额}=\text{该辅助生产车间耗用劳务数量}\times\text{交互费用分配率}$$

② 第二次对外分配（辅助生产车间交互分配后的费用对辅助生产车间以外受益部门进行分配）。

$$\text{某辅助生产车间实际对外分配费用}=\text{该辅助生产车间交互分配前的费用总额}+\text{其他辅助生产车间交互分配转入费用}-\text{本车间交互分配转出费用}$$

$$\text{某辅助生产车间实际对外费用分配率}=\frac{\text{该辅助生产车间对外分配的费用}}{\text{该辅助生产车间对外提供的劳务总量之和}}$$

$$\text{某受益单位应负担的该辅助生产车间费用}=\text{该受益单位耗用劳务数量}\times\text{该辅助生产车间对外分配率}$$

例题解析

例 1-3-1 （计算题）某工厂有供电、机修两个辅助生产车间，2012 年 8 月供电车间费用为 8 900 元，机修车间费用为 13 900 元。其供应的对象和数量如表 1-3-3 所示（单位：元）。

表 1-3-3

供应对象		供电度数（度）	机修工时（小时）
辅助生产车间	供电车间		300
	机修车间	2 200	
基本生产车间	甲产品	29 800	
	一般耗用	1 600	2 800
企业管理部门		2 000	900
合计		35 600	4 000

要求：用直接分配法分配辅助生产费用。

解

（1）机修车间分配情况

① 分配率 ＝13 900 ÷（4 000 － 300）= 3.756 8（元/小时）

② 各受益对象应负担费用

基本生产车间应负担机修费用 ＝2 800 × 3.756 8 = 10 519.04（元）

企业管理部门应负担机修费用 ＝13 900 － 10 519.04 = 3 380.96（元）

（2）供电车间分配情况

① 分配率 ＝8 900 ÷（35 600 － 2 200）= 0.266 5（元/度）

② 各受益对象应负担费用

基本生产车间甲产品应负担供电费用 ＝29 800 × 0.2665 = 7 941.70（元）

基本生产车间管理应负担供电费用 ＝1 600 × 0.266 5 = 426.40（元）

企业管理部门应负担供电费用 ＝8 900 － 7 941.70 － 426.40 = 531.90（元）

根据上述计算结果编制“辅助生产费用分配表”，如表 1-3-4 所示。

表 1-3-4 辅助生产费用分配表（直接分配法）

2012 年 8 月

金额单位：元

辅助生产车间	应分配费用	分配数量	分配率	分配额					
				甲产品		基本生产车间		企业管理部门	
				数量	金额	数量	金额	数量	金额
供电车间	8 900	33 400	0.266 5	29 800	7 941.70	1 600	426.40	2 000	531.90
机修车间	13 900	3 700	3.756 8			2 800	10 519.04	900	3 380.96
合计	22 800				7 941.70		10 945.44		3 912.86

会计分录如下：

借：生产成本——基本生产成本——甲产品　　7 941.70
　　制造费用——基本生产车间　　10 945.44
　　管理费用　　3 912.86
　贷：生产成本——辅助生产成本——供电车间　　8 900
　　　　　　　　　　　　　　　——机修车间　　13 900

例 1-3-2　**承【例 1-3-1】，要求：用交互分配法分配辅助生产费用。**

解

（1）第一次交互分配

机修车间交互分配率（单位成本）= 13 900 ÷ 4 000 = 3.475（元/工时）

供电车间应负担机修车间修理费用 = 300 × 3.475 = 1 042.5（元）

供电车间交互分配率（单位成本）= 8 900 ÷ 35 600 = 0.25（元/度）

机修车间应负担供电车间电费 = 2 200 × 0.25 = 550（元）

（2）第二次对外分配

机修车间实际费用 = 13 900 + 550 − 1 042.50 = 13 407.50（元）

供电车间实际费用 = 8 900 − 550 + 1 042.50 = 9 392.50（元）

机修车间对外分配率（单位成本）= 13 407.50 ÷（4 000−300）= 3.6236（元/工时）

供电车间对外分配率（单位成本）= 9 392.50 ÷（35 600 − 2 200）= 0.281 2（元/度）

基本生产车间应负担机修费用 = 2 800 × 3.623 6 = 10 146.08（元）

企业管理部门应负担机修费用 = 13 407.50 − 10 146.08 = 3 261.42（元）

基本生产车间甲产品应负担供电费用 = 29 800 × 0.281 2 = 8 379.76（元）

基本生产车间管理应负担供电费用 = 1 600 × 0.281 2 = 449.92（元）

企业管理部门应负担供电费用 = 9 392.50 − 8 379.76 − 449.92 = 562.82（元）

辅助生产费用分配如表 1-3-5 所示。

表 1-3-5　辅助生产费用分配表（交互分配法）

项　目				交互分配			对外分配		
辅助生产车间名称				修理	供电	合计	修理	供电	合计
待分配费用				13 900	8 900	22 800	13 407.50	9 392.50	22 800
供应劳务数量				4 000	35 600	—	3 700	33 400	—
费用分配率				3.475	0.25	—	3.623 6	0.281 2	—
辅助生产车间耗用	应借“生产成本”账户	修理车间	耗用数量		2 200				
			分配金额		550	550			
		供电车间	耗用数量	300					
			分配金额	1 042.50		1 042.50			
	分配金额小计			1 042.50	550	1 592.50			

续表

项目				交互分配			对外分配		
基本生产车间耗用	应借“生产成本”账户	甲产品	耗用数量					29 800	
			分配金额					8 379.76	8 379.76
	应借“制造费用”账户	一般耗用	耗用数量				2 800	1 600	
			分配金额				10 146.08	449.92	10 596
	分配金额小计						10 146.08	8 829.68	18 975.76
企业管理部门耗用	应借“管理费用”账户	耗用数量					900	2 000	
		分配金额					3 261.42	562.82	3 824.24
分配金额合计							13 407.50	9 392.50	22 800

根据上述分配表编制会计分录如下：

（1）交互分配

借：生产成本——辅助生产成本——机修车间　　550
　　　　　　　　　　　　　　——供电车间　　1 042.50
　贷：生产成本——辅助生产成本——供电车间　　550
　　　　　　　　　　　　　　　——机修车间　　1 042.50

（2）对外分配

借：生产成本——基本生产成本——甲产品　　8 379.76
　　制造费用　　10 596
　　管理费用　　3 824.24
　贷：生产成本——辅助生产成本——机修车间　　13 407.5
　　　　　　　　　　　　　　　——供电车间　　9 392.5

例 1-3-3 **（单项选择题）采用交互分配法时，各种辅助生产费用（　　）。**

A．只计算一个费用分配率　　B．都要计算两个费用分配率

C．不需要计算费用分配率　　D．均按相同的费用分配率计算分配

答案 B。

要点解析 本题主要考核交互分配法的分配方法。

巩固练习

一、单项选择题

1．辅助生产费用的交互分配法，第一次交互分配是在（　　）。

A．各受益单位之间进行分配　　B．各受益的辅助生产车间之间进行分配

C．辅助生产单位以外的受益单位之间进行分配

D．各受益的基本车间之间进行分配

2．辅助生产费用交互分配后的实际费用，再在（　　）。

A．各受益单位之间进行分配

B．各受益的辅助生产车间之间进行分配

C．辅助生产单位以外的受益单位之间进行分配

D．各受益的基本车间之间进行分配

3．下列辅助生产费用分配方法中，分配结果最为准确的是（　　）。

A．直接分配法　　B．一次交互分配法

C．代数分配法　　D．计划成本分配法

4．辅助生产费用直接分配法的特点是将辅助生产费用（　　）。

A．直接计入辅助生产提供的劳务成本

B．直接分配给所有收益的车间、部门

C．直接计入“生产成本——辅助生产成本”账户

D．直接分配给辅助生产以外的各受益单位

5．下列方法中，属于辅助生产费用分配方法的是（　　）。

A．定额成本比例法　　B．计划成本分配法

C．生产工时比例分配法　　D．机器工时比例分配法

6．在各辅助生产车间相互提供劳务很少的情况下，适宜采用的辅助生产费用分配方法是（　　）。

A．直接分配法　　B．交互分配法

C．计划成本分配法　　D．代数分配法

7．“生产成本——辅助生产成本”账户月末（　　）。

A．一定没有余额　　B．如果有余额，余额一定在借方

C．如果有余额，余额一定在贷方　　D．可能有借方余额，也可能有贷方余额

8．辅助生产费用采用交互分配法分配，其说法正确的是（　　）。

A．准确性高，但计算工作量大　　B．分配结果不太准确，计算工作简单

C．计算工作简单，分配工作准确　　D．计算工作简单，费用只分配一次

9．下列辅助生产费用分配方法中，不在辅助生产单位之间分配费用的方法有（　　）。

A．直接分配法　　B．交互分配法

C．代数分配法　　D．计划成本分配法

10．采用计划成本分配法分配辅助生产费用，辅助生产的实际总成本是（　　）。

A．按计划成本分配前的实际费用

B．按计划成本分配前的实际费用加上按计划成本分配转入的费用

C．按计划成本分配前的实际费用减去按计划成本分配转出的费用

D．按计划成本分配前的实际费用加上按计划成本分配转入的费用，减去按计划成本分配转出的费用

二、多项选择题

1．在下列方法中，属于辅助生产费用分配方法的有（　　）。

A．交互分配法　　B．代数分配法

C．定额比例法　　D．直接分配法

2．辅助生产费用转出时，可以（　　）。

A．借记“制造费用”账户　　B．借记“管理费用”账户

C．借记“在建工程”账户　　D．借记“财务费用”账户

3．分配或结转辅助生产费用可能涉及的账户有（　　）。

A．生产成本——基本生产成本　　B．生产成本——辅助生产成本

C．低值易耗品　　D．制造费用

4．采用代数分配法分配辅助生产费用（　　）。

A．能够提供正确的分配计算结果　　B．能够简化费用的分配计算工作

C．便于分析考核各受益单位的成本　　D．适用于实行电算化的企业

5．在辅助生产费用分配方法中，考虑了辅助生产单位之间交互分配费用的方法有（　　）。

A．直接分配法　　B．交互分配法

C．代数分配法　　D．计划成本分配法

E．体积分配法

6．辅助生产车间发生的固定资产折旧费，可能借记的账户有（　　）。

A．“制造费用”账户

B．“生产成本——辅助生产成本”账户

C．“生产成本——基本生产成本”账户

D．“管理费用”账户

三、判断题

1．辅助生产单位发生的制造费用，都应当直接计入辅助生产成本明细账。（　　）

2．企业辅助生产成本明细账均应无余额。（　　）

3．采用直接分配法，辅助生产单位之间相互提供的劳务，不相互分配费用。（　　）

4．采用交互分配法，交互分配以后各辅助生产单位的待分配费用，应分配给辅助生产车间以外的全部受益对象。（　　）

5．采用计划成本分配法，辅助生产车间的成本差异如果比较小，一般可以全部计入管理费用。（　　）

6. 在交互分配法下，由于交互分配的费用分配率是根据交互分配以前的待分配费用计算的，不是各该辅助生产车间的实际单位成本，因而分配结果也不是很正确。（　　）

7. 在辅助生产费用分配的各种方法中，交互分配法的结果最正确。（　　）

8. 为生产提供一定种类和一定数量的产品或劳务所耗费的辅助生产费用之和，构成该种产品或劳务的辅助生产成本。（　　）

9. 辅助生产车间产品或劳务的成本计算方法与基本生产车间一样，应按生产的特点和管理的要求加以确定。（　　）

10. 采用按计划成本分配辅助生产费用，为简化分配工作，辅助生产的成本差异全部调整计入制造费用。（　　）

四、计算题

1. 某工业企业有机修和运输两个辅助生产车间，它们相互提供劳务。辅助生产车间不设“制造费用”账户。2012 年 9 月有关辅助生产费用的资料如表 1-3-6 所示。

表 1-3-6　辅助生产费用

辅助车间名称	运输车间	机修车间
待分配费用	4 800 元	9 400 元
供应劳务数量	16 000 公里	23 500 工时
其中：运输车间		4 700 工时
机修车间	1 000 公里	
基本生产（一车间）	6 000 公里	9 200 工时
基本生产（二车间）	5 000 公里	6 800 工时
企业管理部门	4 000 公里	2 800 工时

要求：采用交互分配法分配辅助生产费用，并编制相应的会计分录（分配率保留 5 位小数，分配金额保留 2 位小数，将计算结果填入表 1-3-7 中）。

表 1-3-7　辅助生产费用分配表（交互分配法）

2012 年 9 月

<table>
<tr><td colspan="4">项　目</td><td colspan="3">交 互 分 配</td><td colspan="3">对 外 分 配</td></tr>
<tr><td colspan="4">辅助生产车间名称</td><td>运输</td><td>机修</td><td>合计</td><td>运输</td><td>机修</td><td>合计</td></tr>
<tr><td colspan="4">待分配费用</td><td></td><td></td><td></td><td></td><td></td><td></td></tr>
<tr><td colspan="4">供应劳务数量</td><td></td><td></td><td></td><td></td><td></td><td></td></tr>
<tr><td colspan="4">费用分配率（单位成本）</td><td></td><td></td><td></td><td></td><td></td><td></td></tr>
<tr><td rowspan="2">辅助生产车间耗用</td><td rowspan="2">应借“生产成本”账户</td><td rowspan="2">运输车间</td><td>耗用数量</td><td></td><td></td><td></td><td></td><td></td><td></td></tr>
<tr><td>分配金额</td><td></td><td></td><td></td><td></td><td></td><td></td></tr>
</table>

续表

<table>
<tr><th colspan="4">项 目</th><th colspan="3">交互分配</th><th colspan="3">对外分配</th></tr>
<tr><td rowspan="3">辅助生产车间耗用</td><td rowspan="2">应借“生产成本”账户</td><td rowspan="2">机修车间</td><td>耗用数量</td><td></td><td></td><td></td><td></td><td></td><td></td></tr>
<tr><td>分配金额</td><td></td><td></td><td></td><td></td><td></td><td></td></tr>
<tr><td colspan="3">分配金额小计</td><td></td><td></td><td></td><td></td><td></td><td></td></tr>
<tr><td rowspan="5">基本生产车间耗用</td><td colspan="2" rowspan="2">一车间</td><td>耗用数量</td><td></td><td></td><td></td><td></td><td></td><td></td></tr>
<tr><td>分配金额</td><td></td><td></td><td></td><td></td><td></td><td></td></tr>
<tr><td colspan="2" rowspan="2">二车间</td><td>耗用数量</td><td></td><td></td><td></td><td></td><td></td><td></td></tr>
<tr><td>分配金额</td><td></td><td></td><td></td><td></td><td></td><td></td></tr>
<tr><td colspan="3">分配金额小计</td><td></td><td></td><td></td><td></td><td></td><td></td></tr>
<tr><td rowspan="2">企业管理部门耗用</td><td rowspan="2">应借“管理费用”账户</td><td colspan="2">耗用数量</td><td></td><td></td><td></td><td></td><td></td><td></td></tr>
<tr><td colspan="2">分配金额</td><td></td><td></td><td></td><td></td><td></td><td></td></tr>
<tr><td colspan="4">分配金额合计</td><td></td><td></td><td></td><td></td><td></td><td></td></tr>
</table>

2．资料：某厂有供电和机修两个辅助生产车间，2012 年 7 月，在费用分配前，供电车间生产费用为 39 600 元，机修车间生产费用为 182 000 元。供电车间供电 66 000 度，其中机修车间耗用 6 000 度，基本生产车间生产甲产品耗用 25 000 度，生产乙产品耗用 27 000 度，基本生产车间照明等一般耗用 5 000 度，行政管理部门耗用 3 000 度。本月机修车间提供修理工时为 28 000 小时，其中供电车间 2 000 小时，基本生产车间 23 000 小时，行政管理部门 3 000 小时。

要求：采用直接分配法分配辅助生产费用，填入表 1-3-8 中，并编制分配结转辅助生产费用的会计分录。

表 1-3-8　辅助生产费用分配表（直接分配法）

2012 年 7 月

项　　目		供电车间			机修车间			合　　计
		供电量（度）	分配率	费用额（元）	机修工时（小时）	分配率	费用额（元）	
待分配费用								
基本生产车间	甲产品							
	乙产品							
	一般用							
行政管理部门								
分配金额合计								

3．资料如表 1-3-9 及表 1-3-10 所示。

表 1-3-9

辅助生产车间	待分配费用	供应劳务数量
运输车间	9 600 元	32 000 公里
机修车间	18 000 元	37 600 工时

表 1-3-10

受益单位	耗用数量	
	运输里程（公里）	修理工时（小时）
运输车间		1 600
机修车间	2 000	
A 产品耗用	12 000	12 000
基本生产车间	10 000	11 000
管理部门	8 000	13 000

要求：采用直接分配法进行分配并根据分配结果编制会计分录。

4．生产企业设有两个辅助生产车间——供电和动力车间，一个基本生产车间。供电车间本月发生费用共计 8 800 元，提供电力 22 000 度，其中：动力车间耗用 2 000 度，基本生产车间生产甲产品耗用 14 000 度，车间一般耗用 6 000 度。动力车间本月发生费用共计 3 000 元，提供蒸汽 500 吨，其中：供电车间耗用 100 吨，第一基本生产车间生产甲产品耗用 300 吨，一般耗用 100 吨。

要求：采用交互分配法分配辅助生产费用。

1.4 制造费用的核算

学习目标

1. 了解制造费用分配的各种方法。
2. 掌握制造费用分配的工时比例法。

知识精讲

一、制造费用的内容

制造费用主要包括生产车间发生的机物料消耗、车间管理人员的工资、福利费等职工薪酬、折旧费、办公费、水电费、修理费、劳动保护费、保险费、租赁费、低值易耗品摊销、季节性生产和固定资产修理期间的停工损失等。

二、制造费用的归集

在归集制造费用时，应根据费用发生时的有关凭证和各种费用分配表，如前述各种要素费用分配表，通过设置“制造费用”账户，将该账户按不同的车间设置明细账，账内再按照费用项目设立专栏，分别反映各车间制造费用的发生情况。

“制造费用”账户借方反映制造费用的实际发生数，贷方反映制造费用的分配数，除季节性生产的车间外，“制造费用”账户期末应无余额。

三、制造费用的分配

制造费用归集汇总后，应于月末将其分配给各受益对象。对于只生产一种产品或劳务的车间，制造费用是直接费用，不存在分配问题，但在生产多种产品或劳务的车间，制造费用是间接费用，应采用适当的分配方法分配计入各种产品或劳务的成本。常用的分配方法包括以下几种。

1. 生产工人工时比例法

生产工人工时比例法是按照各种产品所耗生产工人实际工作时数的比例分配制造费用的方法。其计算公式为

$$\text{制造费用分配率}=\frac{\text{应分配的制造费用总额}}{\text{各种产品生产工人的工时合计}}$$

某种产品应分配的制造费用 = 该种产品生产工人的工时数 × 制造费用分配率

2. 生产工人工资比例法

3. 机器工时比例法

4. 年度计划分配率法

年度计划分配率法又称“预定分配率法”，这种方法是根据企业在正常经营条件下的年度制造费用的预定计划分配率进行分配的，实际与预定计划分配率的差异，年度内不做调整，这就使“制造费用”账户可能有月末余额，而且既可能有借方余额，又可能有贷方余额。在年终时，将差异按已分配数的比例调整，计入 12 月份各种产品的成本。如果年度实际发生额大于计划分配额，用蓝字补加，即借记“生产成本”账户，贷记“制造费用”账户，反之用红字冲减。

制造费用分配方法的对比见表 1-4-1。

表 1-4-1　制造费用分配方法对比

分配方法 \ 项目	概　念	主要特点	适用条件
生产工人工时比例法	按照各种产品所耗用生产工人工时比例分配制造费用的方法	能反映劳动生产率的升降对产品应负担水平的影响，工时资料容易取得	适用于各产品生产过程机械化程度相差不大的企业
生产工人工资比例法	按照计入各种产品成本的生产工人工资比例分配制造费用的方法	核算工作简便，资料容易取得	适用于各产品生产过程机械化程度大致相同的企业
机器工时比例法	按照各种产品所耗用机器工作时间为分配标准分配制造费用的方法	车间制造费用中机器设备的折旧费比重较大	适用于各产品生产过程机械化程度较高的车间

续表

分配方法 \ 项目	概　念	主 要 特 点	适 用 条 件
年度计划分配率法	不论各月实际发生制造费用多少，各种产品制造费用均按年度计划分配率分配的方法（差异年终调整）	有利于均衡产品的成本水平，但要求有较高的计划管理水平。有利于检查和考核预算执行情况	比较适合于季节性生产的企业

例题解析

例 1-4-1 **（计算题）某企业 2012 年 8 月第一基本生产车间发生的制造费用为 22 140 元，该车间本月生产甲、乙两种产品，甲产品的生产工时为 16 400 小时，乙产品的生产工时为 13 120 小时。**

要求：

（1）采用生产工人工时比例法分配本月制造费用，编制制造费用分配表（表 1-4-2）。

（2）编制分配结转制造费用的会计分录。

解

（1）制造费用分配率 ＝22 140÷（16 400＋13 120）＝0.75（元/工时）

甲产品应分配的制造费用 ＝16 400×0.75＝12 300（元）

乙产品应分配的制造费用 ＝13 120×0.75＝9 840（元）

表 1-4-2　制造费用分配表

生产车间：基本生产车间　　　2012 年 8 月

产品名称	生产工时（小时）	分配率	应分配制造费用
甲产品	16 400		12 300
乙产品	13 120		9 840
合计	29 520	0.75	22 140

（2）分配制造费用会计分录。

借：生产成本——基本生产成本——甲产品　　12 300

　　　　　　　　　　　　　　——乙产品　　9 840

　贷：制造费用　　　　　　　　　　　　　　22 140

例 1-4-2 **（单项选择题）制造费用（　　）。**

A．大部分是间接用于产品生产的费用

B．大部分是直接用于产品生产的费用

C．完全是间接用于产品生产的费用

D．完全是直接用于产品生产的费用

答案 A。

要点解析 制造费用一般应通过合理的方法分配计入各种产品成本，只有在车间只生产一种产品时，制造费用才作为直接费用直接计入产品成本。

例 1-4-3 （判断题）分配制造费用时，生产工人工资比例分配法的结果有时与生产工人工时比例分配法的结果是一致的。（　　）

答案 √。

要点解析 如果生产工人工资是按生产工时比例分配计入各种产品成本的，那么，按照生产工人工资比例分配制造费用实际上也就是按照生产工时比例分配制造费用。

巩固练习

一、单项选择题

1．“制造费用”账户（　　）。

A．一般有借方余额　　B．转入“本年利润”账户后，期末无余额

C．一般有贷方余额　　D．除季节性生产企业外，期末无余额

2．采用生产工人工时分配法分配制造费用，分配标准是（　　）。

A．该生产单位产品生产工人工时　　B．该企业产品生产工人工时

C．该生产单位单位产品生产工时　　D．该生产单位单位产品定额工时

3．采用年度计划分配率分配制造费用时，“制造费用”账户（　　）。

A．应有借方余额　　B．应有贷方余额

C．只有年末有借方余额　　D．年末差额分配结转后，应无余额

4．“制造费用”明细账，应当按照（　　）设置。

A．不同生产单位（分厂、车间）　　B．不同费用项目

C．不同产品品种　　D．不同成本核算对象

5．基本生产车间一般耗用的材料，应计入下列账户借方的是（　　）。

A．“制造费用”账户　　B．“生产成本”账户

C．“管理费用”账户　　D．“财务费用”账户

6．适用于季节性生产的车间分配制造费用的方法是（　　）。

A．生产工人工时比例法　　B．生产工人工资比例法

C．机器工时比例法　　D．年度计划分配率法

7．采用生产工人工时比例法分配制造费用，要求（　　）。

A．各种产品生产的机械化程度相差不多

B．各种产品生产的机械化程度相差悬殊

C．不考虑产品生产的机械化程度

D．产品生产的机械化程度较高

8．制造费用分配以后，“制造费用”账户一般无余额，如有余额则是在（　　）。

A．工时定额准确的产品　　B．季节性生产的车间

C．机械化程度较高的车间　　D．产品生产的机械化程度大致相同的车间

9．采用（　　）分配制造费用时，年内各月实际发生的制造费用与分配转出的制造费用会出现一定的差额。

A．生产工人工时比例法　　B．直接成本比例法

C．计划分配率法　　D．直接材料比例法

10．能够将劳动生产率和产品负担的费用水平联系起来，使分配结果比较合理的制造费用分配方法是（　　）。

A．生产工人工时比例分配法　　B．年度计划分配率分配法

C．生产工人工资比例分配法　　D．机器工时比例分配法

二、多项选择题

1．下列账户中，月末既可能有借方余额，也可能有贷方余额的是（　　）。

A．制造费用　　B．生产成本　　C．材料成本差异　　D．本年利润

2．下列项目中，属于制造费用的有（　　）。

A．生产车间的保险费　　B．生产车间管理人员工资

C．车间领用工具价值的摊销　　D．厂部办公楼折旧

3．分配制造费用时，可能借记的账户有（　　）。

A．“生产成本——基本生产成本”　　B．管理费用

C．“生产成本——辅助生产成本”　　D．营业费用

4．按年度计划分配率分配制造费用，“制造费用”账户月末（　　）。

A．可能有借方余额　　B．一定没有余额

C．可能有贷方余额　　D．可能无月末余额

5．制造费用的分配方法有（　　）。

A．生产工人工时比例法　　B．机器工时比例法

C．生产工人工资比例法　　D．年度计划分配率法

E．交互分配法

6．制造费用的分配不应该（　　）。

A．在企业范围内统一分配　　B．按班组分别进行分配

C．按车间分别进行分配　　D．在所有车间范围内统一分配

E．在产品之间进行分配

三、判断题

1．制造费用按生产工人工资比例分配，要求企业中各产品生产的机械化程度相差较多，否则影响费用分配的合理性。（　　）

2. 对机械化、自动化程度较低的车间，其制造费用可以按机器工时的比例进行分配。（ ）

3. 除了按年度计划分配率分配制造费用以外，“制造费用”月末有借方或贷方余额。（ ）

4. 按年度计划分配率分配制造费用，在平时工作量较少，但年末工作量较大。（ ）

5. 制造费用所采用的所有分配方法，分配结果“制造费用”科目期末都没有余额。（ ）

6. 制造费用账户归集的制造费用应在每月月末采取适当的分配方法分配计入各种产品成本。（ ）

7. 如果车间只生产一种产品，其发生的制造费用就不需要进行分配，直接转入该种产品的生产成本。（ ）

8. 辅助生产车间发生的制造费用都应通过制造费用账户进行核算。（ ）

9. “制造费用”成本项目属于综合性费用项目。（ ）

10. 企业制造费用分配方法一经确定，不得随意变更。（ ）

四、计算题

1. 2012 年 5 月，某企业基本生产车间生产甲、乙、丙三种产品时，共发生制造费用 56 000 元。根据资料统计，提供的生产工时为甲产品生产工时 20 000 小时，乙产品生产工时 14 000 工时，丙产品生产工时 20 000 小时。

要求：按生产工人工时比例法分配制造费用并编制有关会计分录。

2．某企业基本生产车间生产甲、乙、丙三种产品，共计生产工时 25 000 小时，其中：甲产品 5 000 小时，乙产品 10 000 小时，丙产品 10 000 小时。本月发生各种间接费用如下：

（1）以银行存款支付劳动保护费 2 400 元；

（2）车间管理人员工资 3 000 元；

（3）按车间管理人员工资的 14%提取福利费；

（4）车间消耗材料 2 000 元；

（5）车间固定资产折旧费 1 800 元；

（6）预提修理费 800 元；

（7）本月摊销保险费 600 元；

（8）辅助生产成本（修理、运输费）转入 1 400 元；

（9）以银行存款支付车间办公费、水电费、邮电费及其他支出等共计 1 880 元。

要求：根据上述资料编制制造费用发生和分配的会计分录。（“基本生产成本”列明细账）

1.5 生产费用在完工产品与期末在产品之间分配的核算

学习目标

1. 了解生产费用在完工产品与期末在产品之间分配的六种方法的特点及适用范围。

2. 掌握生产成本在完工产品和期末在产品之间分配的定额成本法、定额成本比例法和约当产量比例法（不分工序、材料一次投料）。

知识精讲

一、月初在产品成本、本月生产费用、本月完工产品成本、月末在产品成本的关系

通过前述各项费用的归集和分配，归集在“生产成本——基本生产成本”账户借方的发生额并非本月完工产品的成本，而是本月发生的生产费用。其关系可用下列公式表示：

月初在产品成本 + 本月生产费用 = 本月完工产品成本 + 月末在产品成本

从公式中可以看出，在已知公式前两项的情况下，主要取决于本月完工产品成本和月末在产品成本的计算，特别是月末在产品成本的计算（如在产品的数量、在产品的单位成本等）。

二、在产品概述

1．在产品的概念

在产品是指企业已经投入生产但尚未完工、不能作为商品出售的在产品。在产品有广义和狭义之分。对外销售的自制半成品属于商品产品，验收入库后不能列入在产品。

广义在产品，是就整个企业而言，尚未加工完毕，不能作为商品出售的产品，包括：

（1）正在各个车间加工中的在制品；

（2）已经完成一个或几个生产步骤但还需要继续加工的半成品；

（3）尚未验收入库的产成品和等待返修的可修复废品。

狭义在产品，是就企业某一车间或某一生产步骤而言，尚未加工完毕的产品。包括：

（1）需要返修的废品；

（2）正在生产车间加工的在产品。

2．在产品数量的确定

在产品数量的确定方法有两种：一是通过账面核算资料确定，要求企业设置“在产品收发结存账簿”（或“在产品台账”）；二是通过月末实地盘点确定。

三、生产费用在完工产品与在产品之间的分配方法

企业应根据月末在产品数量的多少、各月末在产品数量变化的大小、各项成本在产品总成本中所占比重以及定额管理基础的好坏，考虑企业管理要求和条件，选择合理简便的分配方法。

总体而言，确定完工产品成本的方法有两种：

一是先确定月末在产品成本，再倒推出完工产品成本。包括不计算在产品成本法、在产品按年初数固定计算法、在产品按原材料费用计价法、在产品按完工产品成本计算法、在产品按定额成本计价法。

二是将月初在产品成本与本月生产费用之和按照一定比例在完工产品和月末在产品之间进行分配，同时求得完工产品成本和月末在产品成本，包括定额比例法、约当产量比例法。

（一）约当产量比例法

1．约当产量的定义

将在产品数量按其完工程度折算为相当于完工产品的数量。

2．约当产量法的定义

约当产量法是指按完工产品产量与月末在产品约当产量的比例分配计算完工产品成本和月末在产品成本的方法。

3. 适用范围

月末在产品数量较大，各月末在产品数量变化也较大，产品成本中材料费和加工费所占比重相差不多的产品。

4. 计算公式

$$月末在产品约当产量 = 月末在产品数量 \times 在产品完工率$$

$$各项费用分配率 = \frac{月初在产品费用+本月生产费用}{完工产品产量+月末在产品约当产量}$$

$$完工产品成本 = 完工产品数量 \times 费用分配率$$

$$月末在产品成本 = 月末在产品约当产量 \times 费用分配率$$

以上公式的计算应按直接材料、直接人工、制造费用等成本项目分别进行。

5. 约当产量的计算

约当产量应按直接材料费、加工费（直接人工、制造费用）分别计算。

（1）直接材料约当产量按投料程度计算

由于投料方式不同，直接材料约当产量按投料程度计算有三种方法。

① 原材料于生产开始时一次投料，月末在产品投料程度为100%，则

$$月末在产品约当产量 = 月末在产品数量$$

② 原材料于每个工序一开始时投入，则

$$某工序在产品投料率=\frac{前面各工序累计材料消耗定额+本工序材料消耗定额\times100\%}{单位产品材料定额消耗量}$$

③ 原材料于每个工序开始以后逐步投入，则

$$某工序在产品投料率=\frac{前面各工序累计材料消耗定额+本工序材料消耗定额\times 50\%}{单位产品材料定额消耗量}$$

（2）直接人工、制造费用约当产量按加工程度计算

① 在各工序在产品数量和单位产品在各工序的加工量相差不多的情况下，前后工序加工程度可互相抵补，全部在产品完工程度可按照50%确定；

② 若各工序在产品数量及加工程度相差悬殊，在产品完工程度应按各工序分别测算。公式如下：

$$某工序在产品完工率=\frac{前面各工序累计工时定额+本工序工时定额\times 50\%}{单位产品工时定额}$$

其中，各工序结存的在产品在本工序的平均加工程度按50%计算。

（二）在产品按定额成本计价法

1. 概念

定额成本法是指根据在产品的单位定额成本和月末在产品的实际结存数量计算出月

末在产品的定额成本后，将月末在产品的成本从本月生产费用累计数中扣除，再得出本月完工产品的成本的一种方法。

2．特点

（1）月末在产品成本按其数量和单位定额成本计算。

完工产品成本 = 月初在产品成本 + 本月生产费用 − 月末在产品定额成本

（2）每月实际生产费用脱离定额的差异，全部由完工产品负担。

3．计算公式

（1）在产品直接材料定额成本 = 在产品数量 × 材料消耗定额 × 材料单价

（2）在产品直接人工定额成本 = 在产品数量 × 在产品单位工时定额 × 单位工时的直接人工

（3）在产品制造费用定额成本 = 在产品数量 × 在产品单位工时定额 × 单位工时的制造费用

（4）月末在产品的定额成本 = 在产品直接材料定额成本 + 在产品直接人工定额成本 + 在产品制造费用定额成本

或者，月末在产品的定额成本 = 月末在产品数量 × 单位在产品定额成本

4．适用范围

定额成本法适用于定额管理基础较好，各项消耗定额或费用定额比较准确、稳定，而且各月末在产品数量变化不大的产品。

（二）定额成本比例法

1．概念

定额成本比例法是指按完工产品和月末在产品的定额消耗量或定额费用的比例，将产品生产费用在完工产品和月末在产品成本之间分配的一种方法。

2．特点

（1）产品的生产费用按完工产品和月末在产品的定额消耗量或定额费用的比例，分配计算完工产品和月末在产品的成本。

（2）每月实际生产费用脱离定额的差异，由完工产品和月末在产品共同负担。

3．计算公式

① 按定额消耗量比例分配

$$消耗量分配率=\frac{月初在产品实际消耗量+本月实际消耗量}{完工产品定额消耗量+月末在产品定额消耗量}$$

完工产品实际消耗量 = 完工产品定额消耗量 × 消耗量分配率

完工产品成本 = 完工产品实际消耗量 × 原材料单价（或单位工时工资、制造费用）

月末在产品实际消耗量 = 月末在产品定额消耗量 × 消耗量分配率

月末在产品成本 = 月末在产品实际消耗量 × 原材料单价（或单位工时工资、制造费用）

② 按定额费用比例分配

$$原材料费用分配率=\frac{月初在产品原材料实际成本+本月投入的实际材料成本}{完工产品定额材料成本+月末在产品定额材料成本}$$

完工产品应分配的直接材料成本 = 完工产品定额材料成本 × 原材料费用分配率

月末在产品应分配的直接材料成本 = 月末在产品定额材料成本 × 原材料费用分配率

$$直接人工（制造费用）分配率=\frac{月初在产品实际人工（制造费用）+本月投入的实际人工（制造费用）}{完工产品定额工时+月末在产品定额工时}$$

完工产品应分配人工成本（制造费用）= 完工产品定额工时 × 直接人工（制造费用）分配率

月末在产品应分配人工成本（制造费用）= 月末在产品定额工时 × 直接人工（制造费用）分配率

4．适用范围

定额成本比例法适用于定额管理基础较好，各项消耗定额或费用定额比较准确、稳定，而且各月末在产品数量变化较大的产品。

（四）不计算在产品成本法

1．概念

不计算在产品成本法是指月末即使有在产品，也不计算其成本，而将当月发生的生产费用全部计入当月完工产品成本的一种方法。

2．特点

本月生产费用全部由完工产品负担。

3．适用范围

产品生产周期短、月末没有在产品或者月末在产品数量很少、价值很低的产品。

（五）在产品成本按年初数固定计算法

1．概念

在产品成本按年初数固定计算法是指各月末在产品成本按年初数在产品成本固定计算的一种方法。

2．特点

各月末在产品成本 = 年初在产品成本；本月完工产品成本 = 本月生产费用。

3．适用范围

适用于月末在产品数量较少，或虽然数量较多，但各月之间在产品数量稳定、变化不大的产品。

（六）在产品按所耗原材料费用计价法

1．概念

在产品按所耗原材料费用计价法是指月末在产品只计算原材料费用，其他费用全部由完工产品成本负担的一种方法。

2．特点

在产品只负担所耗的材料费用，而加工费用则全部由完工产品负担。

3．适用范围

适用于月末在产品数量较多，各月末在产品数量变化也较大，且直接材料成本在产品总成本中所占比重较大的产品。

例题解析

例 1-5-1 某产品经过三道工序加工完成。若原材料于每个工序一开始时投入，根据月末在产品数量及原材料消耗定额资料（如表 1-5-1 所示），计算各工序在产品的投料率及月末在产品直接材料成本项目的约当产量。

表 1-5-1

工序	月末在产品数量（件）	单位产品原材料消耗定额	投料率	在产品约当产量（件）
1	100	70		
2	120	80		
3	140	100		
合计	360	250		

解 各工序在产品的投料率及月末在产品直接材料成本项目的约当产量如表 1-5-2 所示。

表 1-5-2

工序	月末在产品数量（件）	单位产品原材料消耗定额	投 料 率	在产品约当产量（件）
1	100	70	70 ÷ 250 × 100% = 28%	28
2	120	80	（70 + 80）÷ 250 × 100% = 60%	72
3	140	100	（70 + 80 + 100）÷ 250 × 100% = 100%	140
合计	360	250		240

例 1-5-2 某产品经过三道工序加工完成。若原材料于每个工序开始以后逐步投入，根据月末在产品数量及原材料消耗定额资料（如表 1-5-3 所示），计算各工序在产品的投料率及月末在产品直接材料成本项目的约当产量。

表 1-5-3

工序	月末在产品数量（件）	单位产品原材料消耗定额	投 料 率	在产品约当产量（件）
1	100	70		
2	120	80		
3	140	100		
合计	360	250		

解 各工序在产品的投料率及月末在产品直接材料成本项目的约当产量如表 1-5-4 所示。

表 1-5-4

工序	月末在产品数量（件）	单位产品原材料消耗定额	投 料 率	在产品约当产量（件）
1	100	70	70 × 50% ÷ 250 × 100% = 14%	14
2	120	80	（70+80 × 50%）÷ 250 × 100% = 44%	52.8
3	140	100	（70+80+100 × 50%）÷ 250 × 100% = 80%	112
合计	360	250		178.8

例 1-5-3 某产品需要经三道工序加工制成，其工时定额为 100 小时。根据各工序在产品数量及工时定额资料（如表 1-5-5 所示），计算各工序在产品完工率及约当产量。

表 1-5-5

工序	在产品数量（件）	工 时 定 额	完 工 率	在产品约当产量（件）
1	160	40		
2	200	30		
3	240	30		
合计	600	100		

解 各工序在产品完工率及约当产量如表 1-5-6 所示。

表 1-5-6

工序	在产品数量（件）	工 时 定 额	完 工 率	在产品约当产量（件）
1	160	40	40 × 50% ÷ 100 × 100% = 20%	32
2	200	30	（40+30 × 50%）÷ 100 × 100% = 55%	110
3	240	30	（70+30 × 50%）÷ 100 × 100% = 85%	204
合计	600	100		346

例 1-5-4 （计算题）某企业甲产品经过三道工序制成，2012 年 8 月，甲产品完工 2 000 件已入库，月末在产品数量为第一工序 200 件、第二工序 100 件、第三工序 300 件。原材料随着生产加工进度陆续投入，其投料进度与加工进度不一致，各工序原材料的消耗定额为第一工序 24 千克、第二工序 36 千克、第三工序 60 千克。第一、二、三道工序的工时定额分别为 10 小时、6 小时和 4 小时。月初在产品成本和本月的生产费用资料如表 1-5-7 所示。

表 1-5-7

单位：元

项 目	直 接 材 料	直 接 人 工	制 造 费 用	合 计
月初在产品成本	39 200	3 200	3 000	45 400
本月生产费用	220 000	49 600	69 600	339 200

要求：

（1）采用约当产量比例法计算甲产品本月完工产品成本和月末在产品成本，并编制成本计算单（表 1-5-8）。

（2）编制结转本月完工入库产品成本的会计分录。

表 1-5-8 产品成本计算单

产品名称：甲产品

完工产品数量：2 000 件

在产品数量：600 件　　2012 年 8 月　　单位：元

成 本 项 目	直 接 材 料	直 接 人 工	制 造 费 用	合 计
月初在产品成本				
本月生产费用				
生产费用合计				
本月完工产品成本				
完工产品单位成本				
月末在产品成本				

解

（1）① 各工序月末在产品的投料程度。

第一工序在产品投料程度 $=24\times 50\%\div 120\times 100\%=10\%$

第二工序在产品投料程度 $=(24+36\times 50\%)\div 120\times 100\%=35\%$

第三工序在产品投料程度 $=(24+36+60\times 50\%)\div 120\times 100\%=75\%$

② 各工序月末在产品的完工程度。

第一工序在产品完工程度 $=10\times 50\%\div 20\times 100\%=25\%$

第二工序在产品完工程度 $=(10+6\times 50\%)\div 20\times 100\%=65\%$

第三工序在产品完工程度 $=(10+6+4\times 50\%)\div 20\times 100\%=90\%$

③ 直接材料项目的分配。

月末在产品约当产量 $=200\times 10\%+100\times 35\%+300\times 75\%=280$（件）

直接材料费用分配率 $=259\ 200\div(2\ 000+280)=113.684$（元/件）

本月完工产品直接材料费用 $=2\ 000\times 113.684=227\ 368$（元）

月末在产品直接材料费用 $=259\ 200-227\ 368=31\ 832$（元）

④ 直接人工项目的分配。

月末在产品约当产量 $=200\times 25\%+100\times 65\%+300\times 90\%=385$（件）

直接人工费用分配率 $=52\ 800\div(2\ 000+385)=22.138$（元/件）

本月完工产品直接人工费用 $=2\ 000\times 22.138=44\ 276$（元）

月末在产品直接人工费用 $=52\ 800-44\ 276=8\ 524$（元）

⑤ 制造费用项目的分配。

制造费用分配率 $72\ 600\div(2\ 000+385)=30.44$（元/件）

本月完工产品制造费用 $=2\ 000\times 30.44=60\ 880$（元）

月末在产品制造费用 $=72\ 600-60\ 880=11\ 720$（元）

⑥ 本月完工产品成本和月末在产品成本。

本月完工产品成本 $=227\ 368+44\ 276+60\ 880=332\ 524$（元）

完工产品单位成本 $=332\ 524\div 2\ 000=166.262$（元/件）

月末在产品成本 $=31\ 832+8\ 524+11\ 720=52\ 076$（元）

产品成本计算单如表 1-5-9 所示。

表 1-5-9 产品成本计算单

产品名称：甲产品

完工产品数量：2 000 件

在产品数量：600 件　　2012 年 8 月　　单位：元

成本项目	直接材料	直接人工	制造费用	合计
月初在产品成本	39 200	3 200	3 000	45 400
本月生产费用	220 000	49 600	69 600	339 200
生产费用合计	259 200	52 800	72 600	384 600
本月完工产品成本	227 368	44 276	60 880	332 524
完工产品单位成本	113.684	22.138	30.44	166.262
月末在产品成本	31 832	8 524	11 720	52 076

（2）结转完工产品成本的会计分录。

借：库存商品——甲商品　　　　332 524

　贷：生产成本——基本生产成本——甲产品　　　　332 524

例 1-5-5　（计算题）某企业生产乙产品，乙产品经过三道工序连续加工制成。2012 年 8 月，月初在产品定额成本为 70 000 元，其中直接材料 50 000 元，直接人工 12 000 元，制造费用 8 000 元。本月发生生产费用 600 000 元，其中直接材料 400 000 元，直接人工 140 000 元，制造费用 60 000 元。乙产品本月完工 2 000 件，月末在产品 300 件，其中第一工序 120 件、第二工序 80 件、第三工序 100 件。原材料分工序在每个工序开始时投入，单位产品直接材料费用定额为第一工序 50 元、第二工序 40 元、第三工序 60 元。乙产品单位工时定额为 10 小时，第一、二、三工序分别为 5 小时、3 小时和 2 小时，月末在产品在各工序的完工程度均为 50%。乙产品定额工时人工费用为 3 元，定额工时制造费用为 2 元。

要求：按定额成本计价法计算月末在产品成本和本月完工产品成本，并编制成本计算单（表 1-5-10）。

表 1-5-10　产品成本计算单

产品名称：乙产品

完工产品数量：2 000 件

在产品数量：300 件　　　　2012 年 8 月　　　　单位：元

成本项目	直接材料	直接人工	制造费用	合计
月初在产品成本				
本月生产费用				
生产费用合计				
本月完工产品成本				
完工产品单位成本				
月末在产品成本				

解

（1）月末在产品定额成本。

月末在产品直接材料成本 $=120\times50+80\times90+100\times150=28\,200$（元）

月末在产品直接人工成本 $=[120\times5\times50\%+(80\times5+80\times3\times50\%)+(100\times8+100\times2\times50\%)]\times3=5\,160$（元）

月末在产品制造费用成本 $=[120\times5\times50\%+(80\times5+80\times3\times50\%)+(100\times8+100\times2\times50\%)]\times2=3\,440$（元）

月末在产品定额成本 $=28\,200+5\,160+3\,440=36\,800$（元）

（2）本月完工产品成本。

完工产品直接材料成本 $=50\,000+400\,000-28\,200=421\,800$（元）

完工产品直接人工成本 $=12\,000+140\,000-5\,160=146\,840$（元）

完工产品制造费用成本 $=8\,000+60\,000-3\,444=64\,560$（元）

完工产品总成本 ＝421 800＋146 840＋64 560＝633 200（元）

完工产品单位成本 ＝633 200÷2 000＝316.6（元/件）

产品成本计算单如表 1-5-11 所示。

表 1-5-11　产品成本计算单

产品名称：乙产品

完工产品数量：2 000 件

在产品数量：300 件　　2012 年 8 月　　单位：元

成本项目	直接材料	直接人工	制造费用	合计
月初在产品成本	50 000	12 000	8 000	70 000
本月生产费用	400 000	140 000	60 000	600 000
生产费用合计	450 000	152 000	68 000	670 000
本月完工产品成本	421 800	146 840	64 560	633 200
完工产品单位成本	210.9	73.42	32.28	316.6
月末在产品成本	28 200	5 160	3 440	36 800

例 1-5-6　（计算题）资料同【例 1-5-5】。

要求：采用定额比例法计算本月完工产品总成本和月末在产品成本，并编制产品成本计算单。

解

（1）完工产品直接材料定额费用 ＝2 000×（50＋40＋60）＝300 000（元）

月末在产品直接材料定额费用 ＝120×50＋80×90＋100×150＝28 200（元）

完工产品定额工时 ＝2 000×10＝20 000（小时）

月末在产品定额工时 ＝（120×5×50%）＋（80×5＋80×3×50%）
＋（100×8＋100×2×50%）＝1 720（小时）

（2）直接材料费用分配率 ＝（50 000＋400 000）÷（300 000＋28 200）＝1.37

完工产品直接材料费用 ＝300 000×1.37＝411 000（元）

月末在产品直接材料费用 ＝450 000－411 000＝39 000（元）

（3）直接人工费用分配率 ＝（12 000＋140 000）÷（20 000＋1 720）＝7

完工产品直接人工费用 ＝20 000×7＝140 000（元）

月末在产品直接人工费 ＝152 000－140 000＝12 000（元）

（4）制造费用分配率 ＝（8 000＋60 000）÷（20 000＋1 720）＝3.13

完工产品制造费用 ＝20 000×3.13＝62 600（元）

月末在产品制造费用 ＝68 000－62 600＝5 400（元）

（5）完工产品总成本 ＝411 000＋140 000＋62 600＝613 600（元）

月末在产品成本 ＝39 000＋12 000＋5 400＝56 400（元）

产品成本计算单如表 1-5-12 所示。

表 1-5-12　产品成本计算单

产品名称：乙产品

完工产品数量：2 000 件

在产品数量：300 件　　　　2012 年 8 月　　　　单位：元

成本项目	直接材料	直接人工	制造费用	合计
月初在产品成本	50 000	12 000	8 000	70 000
本月生产费用	400 000	140 000	60 000	600 000
生产费用合计	450 000	152 000	68 000	670 000
本月完工产品成本	411 000	140 000	62 600	613 600
完工产品单位成本	205.5	70	31.3	306.8
月末在产品成本	39 000	12 000	5 400	56 400

巩固练习

一、单项选择题

1．不应列为企业在产品的是（　　）。

A．正在车间加工的在产品

B．已完成一个或几个生产步骤，还需要加工的半成品

C．对外销售的自制半成品

D．待返修的废品

2．不计算在产品成本法的适用范围是（　　）。

A．在产品数量较大，且各月数量不大稳定

B．在产品数量较小，且各月数量大体稳定

C．材料费用占产品成本的比重较大

D．在产品已接近完工

3．按年初固定数额计算在产品成本，则每月的完工产品成本为（　　）。

A．月初在产品成本　　B．本月发生生产费用

C．生产费用合计　　D．生产费用累计数

4．约当产量法不适用于（　　）。

A．原材料费用在成本中所占比重较大

B．月末在产品数量较大

C．各月末在产品数量变化较大

D．产品成本中材料费和工费的比重相差不多

5．某产品经两道工序加工而成，原材料在第一工序生产开始时投入 90%，第二工序生产开始时投入 10%，第二工序月末在产品的投料程度为（　　）。

A．10%　　B．90%　　C．5%　　D．100%

6．各月末在产品数量很少的产品，生产费用在完工产品与在产品之间分配宜采用（　　）。

A．不计算在产品成本法　　B．在产品按固定成本计价法

C．在产品按直接材料费用计价法　　D．在产品按定额成本计价法

7．分配加工费用时所采用的在产品完工率，是指在产品（　　）与完工产品工时定额的比率。

A．所在工序的工时定额

B．前面各工序工时定额之和与所在工序工时定额之半的合计数

C．所在工序的累计工时定额

D．所在工序的工时定额之半

8．某种产品经两道工序加工完成，工序的工时定额分别为 40 小时和 60 小时，各道工序的在产品在本道工序的加工程度按工时定额的 50%计算。据此计算的第二道工序在产品累计工时定额为（　　）小时。

A．100　　B．80　　C．70　　D．60

9．如果产品的消耗定额准确、稳定，则各月在产品数量变化不大，产品成本中原材料费用所占比重较大，为了简化成本计算，月末在产品可以（　　）。

A．按定额原材料费用计价　　B．按定额成本计价

C．按所耗原材料费用计价　　D．按定额加工费用计价

10．如果某种产品的月末在产品数量较大，则各月在产品数量变化也较大，产品成本中各项费用的比重相差不多，生产费用在完工产品与月末在产品之间分配，应采用的方法是（　　）。

A．不计算在产品成本法　　B．约当产量比例法

C．在产品按完工产品计算法　　D．定额比例法

11．某产品经三道工序加工而成，各工序的工时定额分别为 20 小时、40 小时、40 小时。各工序加工费用发生比较均衡，第三工序月末在产品的完工程度为（　　）。

A．40%　　B．50%　　C．80%　　D．100%

12．某企业定额管理基础较好，能够制定比较准确、稳定的消耗定额，各月末在产品数量变化不大的产品，应采用（　　）计算在产品成本。

A．定额成本计价法　　B．定额比例法

C．按所耗原材料费用　　D．按年初固定数额

13．下列方法中不属于产品成本计算的方法是（　　）。

A．约当产量比例法　　B．不计算在产品成本法

C．定额比例法　　D．交互分配法

14．某企业各项消耗定额和费用定额比较准确、稳定，各月末在产品数量变化较大的产品，应采用（　　）计算在产品成本。

A. 定额比例法　　B. 按定额成本计价法

C. 按所耗原材料费用　　D. 按年初固定数额

15. 某种产品经两道工序加工完成，第一道工序月末在产品数量为 500 件，完工程度为 30%，第二道工序月末在产品数量为 400 件，完工程度为 60%。据此计算的月末在产品约当产量为（　　）。

A. 390　　B. 400　　C. 650　　D. 700

16. 假设某企业某种产品本月完工 350 件，月末在产品 250 件，在产品完工程度为 60%，月初和本月发生的原材料费用共 21 000 元，原材料随着加工进度陆续投入，则完工产品和月末在产品的原材料费用分别为（　　）元。

A. 14 700 和 6 300　　B. 12 250 和 8 750

C. 9 587 和 11 413　　D. 11 000 和 10 000

17. 某种产品经两道工序加工而成。其原材料分两道工序在每道工序开始时一次投入；第一道工序原材料消耗定额 30 千克，第二道原材料消耗定额 20 千克。由此算出的第二道工序在产品投料程度为（　　）。

A. 20%　　B. 40%　　C. 80%　　D. 100%

18. 在产品按定额成本计价法，每月生产费用脱离定额的差异（　　）。

A. 全部计入当月完工产品成本　　B. 全部计入当月在产品成本

C. 当月在完工与月末在产品之间分配　　D. 全部计入管理费用

二、多项选择题

1. 生产费用在完工产品和月末在产品之间分配的方法有（　　）。

A. 定额比例法　　B. 定额成本计价法　　C. 约当产量比例法

D. 计划成本分配法　　E. 不计算在产品成本法

2. 在产品按年初数固定计算法，适用于（　　）产品。

A. 各月末在产品结存数量较小

B. 各月末在产品结存数量很大

C. 各月末在产品结存数量虽大，但各月之间变化不大

D. 各月末在产品数量变化较大

E. 产品成本中各项目比重相差不大

3. 分配计算完工产品和月末在产品的费用时，采用在产品按定额成本计价法所应具备的条件是（　　）。

A. 各月末在产品数量变化较大　　B. 产品的消耗定额比较稳定

C. 各月末在产品数量变化较小　　D. 产品的消耗定额比较准确

E. 定额管理基础较好

4. 在确定生产费用在完工产品和月末在产品之间分配的方法时，应考虑的因素有（　　）。

A．各月末在产品数量变化的大小　　B．在产品数量的多少
C．定额管理基础的好坏　　D．各项费用比重的大小
E．在产品是否接近完工

5．约当产量比例法适用于分配（　　）。
A．直接材料　　B．直接人工　　C．制造费用
D．管理费用　　E．燃料和动力

6．广义在产品包括（　　）。
A．生产单位正在加工中的在制品　　B．已完成部分工序加工的自制半成品
C．已完工等待入库的产品　　D．已完成销售的自制半成品
E．已入库但未销售的完工产品

7．本月发生的加工费用，不计入月末在产品成本的方法有（　　）。
A．不计算在产品成本法　　B．定额成本法
C．按所耗原材料费用计算在产品成本
D．按完工产品成本计算在产品成本　E．约当产量法

8．采用定额比例法计算在产品成本应具备以下条件（　　）。
A．消耗定额比较准确　　B．消耗定额比较稳定
C．各月末在产品数量变化不大
D．各月末在产品数量变化较大　　E．定额资料不健全

9．下列情况下，在产品的投料程度与完工程度不一致的有（　　）。
A．原材料在生产开始时一次投入　　B．原材料分别在各工序开始时一次投入
C．原材料随着加工进度陆续投入，投入程度与加工进度一致
D．原材料随着加工进度陆续投入，投入程度与加工进度不一致
E．原材料在生产开始时一次投入80%，以后陆续均匀投入

10．采用约当产量比例法，测定在产品完工程度的方法有（　　）。
A．定额工时比例法　　B．按50%平均计算各工序完工程度
C．分工序分别计算完工程度　　D．按定额比例法计算
E．交互分配法

三、判断题

1．在产品按年初数固定计算法，是对各月在产品按年初在产品成本计价的一种方法；但在年末，应该根据实际盘点的在产品数量，具体计算在产品成本，据以计算12月份产品成本，并将计算出的年末在产品成本作为下一年度各月固定的在产品成本。（　　）

2．在计算某工序在产品完工率时，本工序工时定额之所以乘以50%，是因为该工序中各件在产品的完工程度不同，为简化完工率的测算工作，在本工序的月末在产品一律按平均完工率50%计算。（　　）

3．采用约当产量比例法分配完工产品与月末在产品的费用时，由于月末在产品的投

料程度和加工程度可能不一致，直接材料、直接人工和制造费用的投入程度也可能不同。（　　）

4．在直接材料投入进度与加工进度一致或基本一致的情况下，可按完工产品产量和以加工程度为标准计算的在产品约当产量的比例分配直接材料费用。（　　）

5.生产费用在完工产品与在产品之间的分配，关系到月末在产品和完工产品的计价，关系到完工产品单位成本的计算和定价的正确性。（　　）

6．企业本月完工产品总成本应等于本月生产费用累计数。（　　）

7．正确确定完工产品成本，关键是正确计算期末在产品成本。（　　）

8．企业所有产品均需要在月末将其生产费用的累计数在完工产品与在产品之间进行分配。（　　）

9．各月末在产品数量变化不大的产品可以不计算月末在产品成本。（　　）

10．当月末在产品接近完工时，则月末在产品就是完工产品，全部生产费用之和就是完工产品成本。（　　）

11．企业在采用在产品按定额成本计价法时，应经常修订消耗定额。（　　）

12．采用约当产量比例法，对于费用分配的正确性有着决定性影响的因素取决于在产品完工程度的测定。（　　）

13．分别采用定额比例法和定额成本法计算在产品成本，其完工产品成本应相同。（　　）

14．某工序在产品的完工程度等于该工序的工时定额与完工产品工时定额之比。（　　）

15．定额比例法的分配标准是单位完工产品和在产品的消耗定额或费用定额。（　　）

四、计算题

1．某企业 2012 年 8 月生产甲产品分三道工序加工，原材料分三次投入，且投料程度与完工程度不一致，本月完工产品 610 件，月初在产品的原材料费用为 5 000 元，本月发生的原材料费用为 40 000 元，各工序月末在产品的原材料消耗定额分别为第一工序 200 千克、第二工序 200 千克、第三工序 100 千克。各工序月末在产品的数量分别为第一工序 400 件、第二工序 200 件、第三工序 100 件。

要求：根据上述资料，采用约当产量法分别计算月末在产品的材料成本和完工产品直接材料成本。

2．某企业生产的甲产品本月完工 400 件，月末在产品 100 件，完工程度为 50%，原材料在生产开始时一次投入，甲产品的月初在产品成本和本月发生的生产费用之和为 45 000 元，其中直接材料费用为 25 200 元，直接人工费用为 9 000 元，制造费用为 10 800 元。

要求：采用约当产量比例法按成本项目计算本月完工产品和月末在产品成本。

3．某企业生产 A 产品，月初在产品直接材料费用 300 000 元，直接人工费用 25 000 元，制造费用 15 000 元。本月实际发生直接材料费用 1940 000 元，直接人工费用 250 000 元，制造费用 150 000 元。完工产品 5 000 件，单件原材料费用定额 300 元，单件工时定额 38 小时。月末在产品 400 件，单件原材料费用定额 250 元，工时定额 25 小时。

要求：采用定额比例法，计算完工产品成本和期末在产品成本。

4．某企业 5 月份生产甲产品，本月完工产品产量 1 000 件，期末在产品数量 100 件。期初在产品成本为 26 000 元，本期发生费用共计 450 000 元。原材料在生产开始时一次投入，在产品单件材料定额成本 200 元，单件定额工时为 40 小时，每小时直接人工费 5 元，每小时制造费用 2 元。

要求：在产品采用定额成本法，计算完工产品成本和期末在产品成本。

5. A 企业基本生产车间生产甲产品，采用约当产量比例法分配费用。甲产品单件工时定额 20 小时，经三道工序制造。各工序工时定额：第一工序 4 小时，第二工序 8 小时，第三工序 8 小时。各工序内均按 50%的完工程度计算，本月完工 200 件，在产品 120 件，其中：第一工序 20 件，第二工序 40 件，第三工序 60 件。月初加本月发生费用合计分别为：原材料 160 000 元，工资及福利费 79 800 元，制造费用 85 120 元，原材料在生产开始时一次投入。

要求：

（1）计算各工序在产品完工率。

（2）计算月末在产品的约当产量。

（3）按约当产量比例分配法分别计算完工产品成本和月末在产品成本。

6. 某酒吧生产车间 5 月份生产的甲产品完工 500 件。月末在产品 200 件，其中第一工序 80 件，第二工序 120 件。原材料在第一工序开始加工时一次投入，在产品各道工序完工程度均为 50%；单位产品材料消耗定额 45 元；单位产品工时定额为 30 小时，其中第一工序 12 小时，第二工序 18 小时。月初在产品成本和本月生产费用共耗用直接材料 34 650 元，耗用加工费用（人工和制造费用）36 000 元。试采用定额比例法计算完工产品成本与月末在产品成本。

（1）直接材料分配率 =

完工产品应负担直接材料费用 =

在产品应负担直接材料费用 =

（2）加工费用分配率 =

完工产品应负担加工费用 =

在产品应负担加工费用 =

（3）本月完工产品成本 =

月末在产品成本 =

7. 假定某企业 B 产品的生产分两道工序制成，原材料在第一工序时一次投入，有关产量和定额消耗资料如下：第一工序在产品数量 100 件，单件工时定额 3 小时；第二工序在产品数量 200 件，单件工时定额 5 小时；单件产品材料定额 30 千克，单件产品工时定额 8 小时；直接材料计划单价 1.20 元，计划每工时费用分配率为直接人工 2 元/小时，制造费用 2.5 元/小时。B 产品月初在产品和本月生产费用合计为直接材料 26 500 元，直接人工 9 480 元，制造费用 11 875 元。

要求：月末在产品按定额成本计价法分别计算本月完工产品成本和月末在产品成本。

8．某工厂生产乙产品，采用约当产量法分配生产费用；该产品需经过三道工序连续加工而成，直接材料分工序在每道工序开始时一次投入，有关资料如下：

（1）乙产品本月完工 140 件，在产品 640 件，第 1～3 道工序的材料消耗定额、工时定额及期末在产品结存量资料如表 1-5-13 所示（各工序内平均完工程度按 50%计算）。

表 1-5-13

工序	材料消耗定额	工时定额	在产品结存量
1	16	20	150
2	24	40	240
3	40	40	250
合计	80	100	640

（2）乙产品的月初在产品成本和本月费用资料如表 1-5-14 所示。

表 1-5-14 单位：元

成本项目	直接材料	直接人工	制造费用	合计
月初在产品成本	10 220	2 156	970	13 346
本月费用	27 850	14 982	9 403	52 235
合计	38 070	17 138	10 373	65 581

要求：根据以上资料采用约当产量法计算完工产品成本和月末在产品成本。

第2章 成本计算

考纲要求

1. 产品成本计算的品种法

了解品种法的概念，理解品种法的特点、适用条件及计算程序，掌握品种法的计算方法。

2. 产品成本计算的分批法

了解分批法的概念，理解分批法的特点和适用条件。

3. 产品成本计算的分步法

了解分步法、逐步结转分步法、综合结转分步法、分项结转分步法、平行结转分步法的概念，理解分步法的特点和适用条件。

2.1 品种法

学习目标

1. 了解品种法的概念。
2. 理解品种法的特点、适用条件和计算程序。
3. 掌握品种法的计算方法。

知识精讲

一、品种法的概念

产品成本计算的品种法，是以产品品种作为成本计算对象归集生产费用、计算产品成本的一种成本计算方法。

二、品种法的特点

（1）仅以产品品种作为成本计算对象，不分批、不分步。基本生产成本明细账按产品品种分别设置。

（2）成本计算期定期进行，与会计报告期一致，而与产品生产周期不一致。

（3）生产费用在完工产品与月末在产品之间的分配。

在单步骤生产且产品生产周期很短的情况下，一般月末无在产品或在产品数量很少，可以不计算月末在产品成本；在不需要分步骤计算产品成本的多步骤生产中，在产品数量很多，需要将生产费用在完工产品与月末在产品之间采用适当的方法进行分配。

三、适用范围

（1）大量大批单步骤生产的企业或车间，如发电、采煤等企业。

（2）大量大批多步骤生产的企业，企业生产规模较小，产品品种不多，而且管理上不要求分步骤计算产品成本，如小型水泥、制砖等。

（3）辅助生产车间单步骤大量生产的劳务成本，如供水、供电、供气等。

四、品种法成本计算程序

（1）按每一产品品种开设生产成本明细账（成本计算单），并分别按成本项目设专栏。

（2）根据各项生产费用的有关凭证，将各项费用（各要素费用、辅助生产费用、基本生产车间制造费用）分别按产品品种计入各有关成本项目。

（3）计算各种完工产品的总成本、单位成本和月末在产品成本，并结转完工产品成本。

注意

品种法是最基本的成本计算方法，无论制造企业生产何种产品，也无论生产组织和管理要求如何，最终都必须按照产品品种计算出产品成本。按照产品品种计算成本，是产品成本计算最一般、最起码的要求。

例题解析

例 2-1-1 （计算题）某厂设有加工、装配两个基本生产车间，大量生产甲、乙两种产品。该厂实行一级成本核算制，产品成本项目为直接材料、直接工资、职工福利费、制造费用。（提示：动力费列入“直接材料”项目）

1．月初在产品成本见表 2-1-1。

表 2-1-1 月初在产品成本

单位：元

成本项目 / 产品名称	直接材料	直接工资	职工福利费	制造费用	合计
甲产品	8 300	1 040	64	1 280	10 684
乙产品	6 119	293	70	460.7	6 942.7

2．本月发生费用如下：

（1）本月发生材料费用 34 675 元，其中：甲产品耗用 9 500 元；乙产品耗用 8 075 元；

甲乙产品共同耗用 15 466 元；生产车间一般耗用 1 634 元。

（2）本月工资费用：生产工人工资 4 500 元，车间管理人员工资 500 元。

（3）按工资费用的 14%计提福利费。

（4）产品生产负担的电费为 2 000 元；车间照明用电 180 元。

（5）本月制造费用共计 5 800 元。

其他有关成本资料：

① 甲产品本月完工 300 台，月末在产品 80 台；乙产品本月完工 200 台，月末在产品 60 台；甲、乙产品在产品完工程度均为 50%，原材料于生产开始时一次投入。

② 本月甲产品生产工时 6 000 小时，乙产品生产工时 4 000 小时。

要求：按品种法计算甲、乙产品的成本。

（1）按甲、乙产品的直接领用金额分配两种产品共同耗用的材料费。

（2）按甲、乙产品的生产工时分配动力费、工资费、福利费及制造费用。（提示：动力费列入“直接材料”项目）

（3）按约当产量法确定完工产品与月末在产品的下表，并登记下面的甲、乙产品生产成本明细账（表 2-1-2、表 2-1-3）。

表 2-1-2　生产成本明细账

产品品种：甲产品　　完工产量：300 台　　在产品数量：80 台　　完工程度：50%　　单位：元

项目	直接材料	直接工资	职工福利费	制造费用	合计
月初结存					
本月发生					
合计					
完工转出					
月末结存					

表 2-1-3　生产成本明细账

产品品种：乙产品　　完工产量：200 台　　在产品数量：60 台　　完工程度：50%　　单位：元

项目	直接材料	直接工资	职工福利费	制造费用	合计
月初结存					
本月发生					
合计					
完工转出					
月末结存					

解

（1）材料费用分配率 = 15 446 ÷（9 500 + 8 075）= 0.88

甲产品应承担的材料费用 = 9 500 × 0.88 + 9 500 = 17 860（元）

乙产品应承担的材料费用 = 8 075 × 0.88 + 8 075 = 15 181（元）

（2）① 工资费用分配率 =4 500÷（6 000+4 000）=0.45

甲产品应承担的工资费用 =6 000×0.45=2 700（元）

甲产品应承担的福利费用 =2 700×14%=378（元）

乙产品应承担的工资费用 =4 000×0.45=1 800（元）

乙产品应承担的福利费用 =1 800×14%=252（元）

② 动力费用分配率 =2 000÷（6 000+4 000）=0.2

甲产品应承担的动力费用 =6 000×0.2=1 200（元）

乙产品应承担的动力费用 =4 000×0.2=800（元）

③ 制造费用分配率 =5 800÷（6 000+4 000）=0.58

甲产品应承担的制造费用 =6 000×0.58=3 480（元）

乙产品应承担的制造费用 =4 000×0.58=2 320（元）

（3）甲、乙产品生产成本明细账如表 2-1-4、表 2-1-5 所示。

表 2-1-4 生产成本明细账

产品品种：甲产品　　完工产量：300 台　　在产品数量：80 台　　完工程度：50%　　单位：元

项目	直接材料	直接工资	职工福利费	制造费用	合计
月初结存	8 300	1 040	64	1 280	10 684
本月发生	19 060	2 700	378	3 480	25 618
合计	27 360	3 740	442	4 760	36 302
完工转出	21 600	3 300	390	4 200	29 490
月末结存	5 760	440	152	560	6 812

表 2-1-5 生产成本明细账

产品品种：乙产品　　完工产量：200 台　　在产品数量：60 台　　完工程度：50%　　单位：元

项目	直接材料	直接工资	职工福利费	制造费用	合计
月初结存	6 119	293	70	460.7	6 942.7
本月发生	15 981	1 800	252	2 320	20 353
合计	22 100	2 093	322	2 780.7	27 295.7
完工转出	17 000	1 820	280	2 418	21 518
月末结存	5 100	273	42	362.7	5 777.7

例 2-1-2 （计算题）资料：某企业大量生产甲、乙两种产品，采用品种法计算产品成本，原材料系生产开始时一次性投入。2009 年 11 月的成本核算资料如下。

（1）月初在产品成本：甲产品为 6 520 元，其中：直接材料 3 020 元，直接人工 2 350 元，制造费用 1 150 元；乙产品为 2 490 元，其中：直接材料 1 320 元，直接人工 600 元，制造费用 570 元。

（2）本月发生如下生产费用：

① 材料费用共 29 760 元，其中：甲产品耗用 9 536 元；乙产品耗用 8 274 元；甲、

乙产品共同耗用 10 686 元；生产车间一般耗用 1 264 元。

② 职工薪酬费用：生产工人工资薪金 45 682 元；车间管理人员工资薪金 2 750 元。

③ 制造费用共计 9 800 元。

（3）其他有关成本资料：

① 甲产品本月完工 800 件，月末在产品 200 件；乙产品本月完工 500 件，月末在产品 100 件；甲、乙产品在产品完工程度均为 50%。

② 本月甲产品生产工时 8 000 小时，乙产品生产工时 6 000 小时。

要求：

（1）按甲、乙产品的直接耗用材料金额比例分配其共同耗用的材料费；

（2）按甲、乙产品的生产工时比例分配薪酬费用和制造费用；

（3）按约当产量法计算甲完工产品的成本和月末在产品成本。

（计算结果保留至小数点后两位）

解

（1）甲产品应分配的材料费用 = 10 686 × 9 536÷（9 536 + 8 274）= 5 721.6（元）

乙产品应分配的材料费用 = 10 686 × 8 274÷（9 536 + 8 274）= 4 964.4（元）

（2）甲产品应分配的薪酬费用 = 45 682 × 8 000÷（8 000 + 6 000）= 26 104（元）

乙产品应分配的薪酬费用 = 45 682 × 6 000÷（8 000 + 6 000）= 19 578（元）

甲产品应分配的制造费用 = 9 800 × 8 000÷（8 000 + 6 000）= 5 600（元）

乙产品应分配的制造费用 = 9 800 × 6 000÷（8 000 + 6 000）= 4 200（元）

（3）直接材料费用分配率 =（3 020 + 9 536 + 5 721.6）÷（800 + 200）= 18.28

甲完工产品应负担的材料费用 = 800 × 18.28 = 14 624（元）

月末甲在产品应负担的材料费用 = 3 020 + 9 536 + 5 721.6 − 14 624 = 3 653.6（元）

直接人工费用分配率 =（2 350 + 26 104）÷（800 + 200 × 50%）= 31.62

甲完工产品应负担的直接人工费用 = 800 × 31.62 = 25 296（元）

月末甲在产品应负担的直接人工费用 = 2 350 + 26 104 − 25 296 = 3 158（元）

制造费用分配率 =（1 150 + 5 600）÷（800 + 200 × 50%）= 7.5

甲完工产品应负担的制造费用 = 800 × 7.5 = 6 000（元）

月末甲在产品应负担的制造费用 = 1 150 + 5 600 − 6 000 = 750（元）

甲完工产品成本 = 14 624 + 25 296 + 6 000 = 45 920（元）

月末甲在产品成本 = 3 653.6 + 3 158 + 750 = 7 561.6（元）

巩固练习

一、单项选择题

1．区分各种成本计算基本方法的主要标志是（　　）。

A．成本计算对象　　　　B．成本计算期
C．间接费用的分配方法　　D．完工产品与在产品之间分配费用的方法

2．品种法适用于（　　　）。

A．大量生产　　　　　　B．成批生产　　　　　C．单件小批生产
D. 大量大批的单步骤生产和管理上不要求分步骤计算成本的大量大批多步骤生产

3．采用品种法，生产成本明细账（成本计算单）应当按照（　　　）分别开设。

A．生产单位　　B．产品品种　　C．生产步骤　　D．产品类别

4．品种法适用的生产组织是（　　　）。

A．大量成批生产　　　　　B．大量大批生产
C．大量小批生产　　　　　D．单件小批生产

5．在大量大批多步骤生产的情况下，如果管理上不要求分步骤计算产品成本，其所采用的成本计算方法是（　　　）。

A．品种法　　B．分批法　　C．分步法　　D．分类法

6．下列方法中，最基本的成本计算方法是（　　　）。

A．品种法　　B．分批法　　C．分步法　　D．分类法

7．适用于大量大批的单步骤生产的产品成本计算方法（　　　）。

A．品种法　　B．分类法　　C．分步法　　D．分批法

8．下列方法中，属于产品成本计算辅助方法的是（　　　）。

A．品种法　　B．分批法　　C．分步法　　D．分类法

9．在小批单件多步骤生产情况下，如果管理不要求分步计算产品成本，应采用的成本计算方法是（　　　）。

A．分批法　　B．分步法　　C．分类法　　D．定额成本法

10．选择产品成本计算基本方法时应考虑的因素是（　　　）。

A．产品消耗定额是否准确、稳定　　B．产品种类是否繁多
C．简化加速成本计算工作
D．生产工艺和生产组织特点及成本管理要求

11．工业企业的（　　　），是按照生产组织的特点来划分的。

A．单步骤生产　B．复杂生产　　C．多步骤生产　D．大量生产

12．蔗糖的生产，其成本计算一般应采用（　　　）。

A．品种法　　B．分批法　　C．分类法　　D．分步法

二、多项选择题

1．关于企业按生产组织划分，可分为（　　　）。

A．大量生产　　B．成批生产　　C．小批生产　　D．单件生产

2．受生产特点和管理的影响，在产品成本计算中有着下述不同的成本计算对象，即（　　　）。

A．产品品种　　B．产品类别　　C．产品批别　　D．产品生产步骤

3．企业在确定成本计算方法时，必须从企业的具体情况出发，同时考虑（　　）。

A．企业的生产特点　　B．月末有没有在产品

C．企业生产规模的大小　　D．进行成本管理的要求

4．下列企业中，适合品种法计算产品成本的有（　　）。

A．发电企业　　B．汽车制造企业　　C．采掘企业　　D．船舶制造企业

5．品种法是产品成本计算最基本的方法，这是因为（　　）。

A．品种法计算成本最简单

B．任何成本计算方法最终都要计算出各品种的成本

C．品种法的成本计算程序最有代表性

D．品种法需要按月计算产品成本

6．工业企业的生产按照工艺过程划分为（　　）。

A．大量生产　　B．单步骤生产　　C．单件生产　　D．多步骤生产

7．品种法的特点是（　　）

A．以产品品种为成本计算对象

B．成本计算按月定期进行

C．月末在产品费用一般需经分配得到

D．是基本方法中最基本的成本计算方法

8．下列方法中，属于产品成本计算的基本方法有（　　）。

A．品种法　　B．分步法　　C．分批法

D．定额法　　E．分类法

9．成本计算方法应根据（　　）来确定。

A．产品产量　　B．生产组织的特点　　C．生产工艺的特点

D．成本管理要求　　E．生产规模大小

10．品种法适用于（　　）。

A．小批单件单步骤生产

B．大量大批单步骤生产

C．管理上不需要分步骤计算产品成本的小批单件多步骤生产

D．管理上不要求分步骤计算产品成本的大量大批多步骤生产

E．管理上要求分步骤计算产品成本的大量大批多步骤生产

三、判断题

1．采用品种法计算产品成本时，第一个步骤是分配各种要素费用，最后一个步骤是结转产成品成本。（　　）

2．单一品种的品种法适用于产品品种单一、生产周期较长的大量大批单步骤生产。（　　）

3．一般来说，面粉、食粮、化肥等生产企业宜采用品种法计算产品成本。（　　）

4．品种法的成本计算期与会计报告期一致，与生产周期不一致。（　　）

5．单步骤生产都应采用品种法计算产品成本。（　　）

6．品种法应按生产单位开设产品成本计算单。（　　）

7．品种法主要适用于简单生产，因此称为简单法。（　　）

8．生产组织不同对产品成本计算方法的影响是品种法适用于小批单件生产，分批法适用于大批大量生产。（　　）

9．品种法在大量大批多步骤的生产企业，无论其管理要求如何，均不适宜。（　　）

10．品种法是各种产品成本计算方法的基础。（　　）

四、计算题

1．某企业生产甲、乙两种产品，采用品种法计算产品成本，本月份成本计算资料如下，试按要求在甲、乙两种产品间分配各项生产费用，并按约当产量法计算甲产品完工产品成本和期末在产品成本，将计算结果填入有关表格各栏（表2-1-6～表2-1-8）。

表2-1-6　生产费用分配计算表

产品名称	材料			实用工时（小时）	分配率	工资分配金额（元）	分配率	制造费用分配金额（元）
	耗用量（千克）	分配率	分配额（元）					
甲	60 000			120 000				
乙	20 000			80 000				
合计	80 000		120 000	200 000		60 000		30 000

要求：材料费用按耗用量比例分配，工资和其他费用按实用工时比例分配。

表2-1-7　生产成本明细账

产品名称：甲产品　　　　完工数量：2 000件

月末在产品数量：400件　　　　在产品完工程度：50%　　单位：元

项目	直接材料	直接人工	制造费用	合计
月初在产品成本	6 000	1 400	1 800	9 200
本月生产费用				
合计				
约当产量				
单位成本				
完工产品成本				
月末在产品成本				

注：材料系一次投入

表 2-1-8 生产成本明细账

产品名称：乙产品　　完工数量：1 500 件

月末在产品数量：300 件　　在产品完工程度：50%　　单位：元

项目	直接材料	直接人工	制造费用	合计
月初在产品成本	4 000	1 100	1 700	6 800
本月生产费用				
合计				
约当产量				
单位成本				
完工产品成本				
月末在产品成本				

注：材料系逐步投入

2．资料：某企业 2009 年 3 月份大量生产甲、乙两种产品，采用品种法计算产品成本，原材料系生产开工时一次性投入，本月成本计算资料如下表 2-1-9、表 2-1-10。

表 2-1-9 生产费用分配表

金额单位：元

产品名称	共同耗用材料			生产工时（小时）	分配率	工资费用	分配率	制造费用
	定额耗用量（千克）	分配率	材料费用					
甲	40 000			86 000				
乙	15 000			34 000				
合计	55 000		71 500	120 000		60 000		24 000

表 2-1-10 产品成本计算单

产品名称：甲产品　　完工数量：160 件

月末在产品数量：400 件　　2009 年 3 月　　在产品完工程度：50%　　单位：元

项　目	直接材料	直接人工	制造费用	合　计
月初在产品成本	6 000	2 000	2 600	10 600
本月生产费用				
生产费用累计				
约当产量				
单位成本				
完工产品成本				
月末在产品成本				

要求：

（1）分配各项生产费用，完成表 2-1-9（注：材料费用按定额耗用量比例分配，其他费用按生产工时比例分配）；

（2）采用约当产量法计算甲产品完工成本和期末在产品成本，将计算结果填入表 2-1-10 中。

（计算结果保留至小数点后两位）

2.2 分批法

学习目标

1. 了解分批法及简化分批法的概念。
2. 理解分批法的特点、适用条件。

知识精讲

一、分批法

1. 分批法的概念

分批法是指以产品批别或订单或生产通知单作为成本计算对象归集生产费用，计算产品成本的方法。

2. 分批法的特点

（1）以产品批别或订单或生产通知单作为成本计算对象。

（2）产品成本计算不定期进行。成本计算期与会计报告期不一致，与产品生产周期一致。

（3）一般不计算在产品成本。只有同批产品跨月陆续完工并交货销售时，需要采用适当的方法计算完工产品成本和月末在产品成本。（为简化核算，可按计划成本或定额成本或近期同类产品实际成本结转完工产品成本。待该批产品全部完工，再计算该批产品实际总成本和单位成本。）

3. 分批法的适用范围

（1）单件、小批生产且管理上不要求分步骤计算产品成本的企业或车间。

（2）企业新产品试制、机器设备的大修理。

（3）辅助生产车间工具、模具制造。

4. 分批法的计算程序

（1）按批别或订单设置成本明细账，按成本项目分设专栏。

（2）根据各种费用分配表，将各项费用分别按产品批别或订单计入产品成本明细账各有关成本项目。

（3）根据批别或订单产品的完工通知单，将计入已完工的该批货该订单产品成本明细账中的各项生产费用，按成本项目加以汇总，计算该批或该订单产品总成本，以总成本除以产量，计算出该批或该订单产品的单位成本。

（4）如同批或同订单产品中有跨月陆续完工并已销售或提货，需要结转已完工产品成本时，可采用适当的方法，计算已完工产品的实际成本，也可按完工数量和计划单位成本或定额成本计算已完工产品的计划成本结转“库存商品”账户。待该批产品全部完工后，应按实际发生的各项生产费用加以汇总，计算出该批或该订单产品的实际总成本，再将实际总成本扣除已按实际成本或已按计划成本结转的差额结转“库存商品”账户，然后确定该批产品的实际总成本和单位成本。

二、简化分批法

1．简化分批法的概念

简化分批法又称累计间接费用分配法、不分批计算在产品分批法，它是指在小批单件生产的企业或车间中，如果同一月份内投产批数繁多而且月末完工批数较少，这时，每月发生的各项间接计入费用，不是按月在各批产品之间进行分配，而是将这些间接计入费用先分别累计起来，到产品完工时，按照完工产品累计生产工时比例，在各批完工产品之间再进行分配，从而计算出完工产品的总成本及单位成本的一种成本计算方法。

2．简化分批法的特点

（1）设立基本生产成本二级账。简化分批法仍应按产品批别设置生产成本明细账，生产成本明细账按月登记各产品的直接计入费用和生产工时；此外，还必须设立基本生产成本二级账，按月提供企业或车间全部产品累计生产费用和生产工时（实际生产工时或定额生产工时）资料，该账户不仅按成本项目登记全部产品的月初在产品成本、本月生产费用和累计生产费用，而且还登记全部产品的月初在产品生产工时、本月生产工时和累计生产工时。

（2）每月发生的各项间接计入费用不按月在各批产品之间进行分配，而是将这些间接计入费用先分别累计起来，直到产品完工时，才按照完工产品累计生产工时的比例，在各批完工产品之间再进行分配。其计算公式如下：

① 全部产品累计间接计入费用分配率 = 全部产品累计间接计入费用 ÷ 全部累计工时

② 某批完工产品应负担的某项间接计入费用 = 该批完工产品累计生产工时 × 全部产品间接计入费用分配率

③ 对于未完工的在产品则不分配间接计入费用，其费用仍应以总数额反映在基本生产成本二级账中，即各批产品之间分配间接计入费用的工作以及完工产品与月末在产品之

间分配间接费用的工作，是利用累计间接计入费用分配率，到产品完工时合并在一起的。

3．简化分批法的评价

（1）优点：可以简化成本分配和登记工作。月末未完工产品批数越多，核算工作越简单。

（2）缺点：各月间接成本水平相差悬殊和月末未完工产品批数较少时，会影响成本计算的正确性。

4．简化分批法的适用条件

该方法适用于投产批数多、月末未完工产品批数较多（即月末完工产品批数较少）、各月份间接费用水平相差不多的企业。

5．简化分批法核算的基本程序

（1）按照产品批别设立产品成本明细账和“基本生产成本”二级账，用以登记各批别产品所发生的生产费用总额和所耗工时数。

（2）在各产品成本明细账中，平时只反映该批产品所耗直接费用和所耗工时数。

（3）月终在“基本生产成本”二级账中统一计算费用分配率（包括直接人工、制造费用）并据以计算完工批别产品的总成本和单位成本。

例题解析

例 2-2-1 （计算题）资料：某厂成本计算采用分批法，该厂 10 月份各产品详细资料如表 2-2-1、表 2-2-2 所示。

表 2-2-1　产品投产、完工情况表

2012 年 10 月

批号	产品名称	投产情况		本月完工情况
		投产日期	批量（台）	
101 号	甲	2012 年 8 月	30	全部在本月完工
102 号	乙	2012 年 9 月	70	本月完工 50 台
103 号	丙	2012 年 10 月	20	本月未完工

表 2-2-2　各项费用分配汇总表

2012 年 10 月　　单位：元

产品批号		直接材料	直接人工
基本生产成本	101 号产品	116 640	170 202
	102 号产品	241 600	41 200
	103 号产品	319 340	73 648

要求：计算填写表 2-2-3 及产品成本计算单（表 2-2-4～表 2-2-6）。

表 2-2-3　制造费用分配表

2012 年 10 月　　单位：元

产品批号	生产工时（小时）	分配率	分配金额
101 号产品	8 000		
102 号产品	10 000		
103 号产品	22 000		
合计	40 000		100 000

表 2-2-4　产品成本计算单

产品名称：甲产品　　批号：101#　　投产日期：2012 年 8 月

批量：30 台　　完工日期：2012 年 10 月 30 日　　完工：30 台　　单位：元

2012 年		摘要	直接材料	直接人工	制造费用	合计
月	日					
9	31	至本月止累计金额	50 000	4 601	14 000	68 601
10	30	直接材料分配表				
10	30	直接人工分配表				
10	30	制造费用分配表				
10	30	本月发生成本合计				
10	30	本批产品总成本				
10	30	本批产品单位成本				

表 2-2-5　产品成本计算单

产品名称：乙产品　　批号：102#　　投产日期：2012 年 9 月

批量：70 台　　完工日期：2012 年 9 月　　完工：50 台　　单位：元

2012 年		摘要	直接材料	直接人工	制造费用	合计
月	日					
9	30	至本月止累计金额	38 400	28 800	35 000	102 200
10	31	直接材料分配表				
10	31	直接人工分配表				
10	31	制造费用分配表				
10	31	本月发生成本合计				
10	31	至 10 月止累计金额				
10	31	每台计划成本	4 000	800	300	5 100
10	31	完工 50 台计划成本				
10	31	在产品成本				

表 2-2-6 产品成本计算单

产品名称：丙产品　　批号：103#　　投产日期：2012 年 10 月

批量：20 台　　完工日期：　　单位：元

2012 年		摘要	直接材料	直接人工	制造费用	合计
月	日					
10	31	直接材料分配表				
10	31	直接人工分配表				
10	31	制造费用分配表				
10	31	本月发生成本合计				
10	31	至本月止累计金额				

解

答表 2-2-3 制造费用分配表

2012 年 10 月　　单位：元

产品批号	生产工时（小时）	分配率	分配金额
101 号产品	8 000		20 000
102 号产品	10 000		25 000
103 号产品	22 000		55 000
合计	40 000	2.5	100 000

甲、乙、丙产品的成本计算单如答表 2-2-4～答表 2-2-6 所示。

答表 2-2-4 产品成本计算单

产品名称：甲产品　　批号：101#　　投产日期：2012 年 8 月

批量：30 台　　完工日期：2012 年 10 月 30 日　　完工：30 台　　单位：元

2012 年		摘要	直接材料	直接人工	制造费用	合计
月	日					
9	31	至本月止累计金额	50 000	4 601	14 000	68 601
10	30	直接材料分配表	116 640			116 640
10	30	直接人工分配表		170 202		170 202
10	30	制造费用分配表			20 000	20 000
10	30	本月发生成本合计	116 640	170 202	20 000	306 842
10	30	本批产品总成本	166 640	174 803	34 000	375 443
10	30	本批产品单位成本	5 554.67	5 826.77	1 123.33	12 514.77

答表 2-2-5　产品成本计算单

产品名称：乙产品　　批号：102#　　投产日期：2012 年 9 月

批量：70 台　　完工日期：2012 年 9 月　　完工：50 台　　单位：元

2012 年		摘要	直接材料	直接人工	制造费用	合计
月	日					
9	30	至本月止累计金额	38 400	28 800	35 000	102 200
10	31	直接材料分配表	241 600			241 600
10	31	直接人工分配表		41 200		41 200
10	31	制造费用分配表			25 000	25 000
10	31	本月发生成本合计	241 600	41 200	25 000	307 800
10	31	至 10 月止累计金额	280 000	70 000	60 000	410 000
10	31	每台计划成本	4 000	800	300	5 100
10	31	完工 50 台计划成本	200 000	40 000	15 000	255 000
10	31	在产品成本	80 000	30 000	45 000	155 000

答表 2-2-6　产品成本计算单

产品名称：丙产品　　批号：103#　　投产日期：2012 年 10 月

批量：20 台　　完工日期：　　单位：元

2012 年		摘要	直接材料	直接人工	制造费用	合计
月	日					
10	31	直接材料分配表	319 340			319 340
10	31	直接人工分配表		73 648		73 648
10	31	制造费用分配表			55 000	55 000
10	31	本月发生成本合计	319 340	73 648	55 000	447 988
10	31	至本月止累计金额	319 340	73 648	55 000	447 988

例 2-2-2　（计算题）某厂属于小批生产，采用简化的分批法计算成本。2012 年 4 月份生产情况如下：

（1）月初在产品成本：101 批号，直接材料 3 750 元；102 批号，直接材料 2 200 元；103 批号，直接材料 1 600 元。月初直接人工 1 725 元，制造费用 2 350 元。

（2）月初在产品耗用累计工时：101 批号 1 800 小时；102 批号 590 小时；103 批号 960 小时。

（3）本月的生产情况，发生的工时和直接材料如表 2-2-7 所示。

表 2-2-7

产品名称	批号	批量（件）	投产日期	完工日期	本月发生工时（小时）	本月发生直接材料（元）
甲	101	10	2 月	4 月	450	250
乙	102	5	3 月	4 月	810	300
丙	103	4	3 月	6 月	1 640	300

（4）本月发生的各项间接费用为：直接人工 1 400 元，制造费用 2 025 元。

要求：根据上述资料，登记基本生产成本二级账（表 2-2-8）和产品成本明细账（表 2-2-9～表 2-2-11）；计算完工产品成本。

解 基本生产成本二级账如表 2-2-8 所示。

表 2-2-8 基本生产成本二级账

金额单位：元

2012年		摘 要	直接材料	工时（小时）	直接人工	制造费用	合计
月	日						
3	31	累计发生	7 550	3 350	1 725	2 350	11 625
4	30	本月发生成本	850	2 900	1 400	2 025	4 275
4	30	累计成本	8 400	6 250	3 125	4 375	15 900
4	30	累计间接成本分配率			0.5	0.7	
4	30	本月转出完工产品成本	6 500	3 650	1 825	2 555	10 880
4	30	月末在产品成本	1 900	2 600	1 300	1 820	5 020

产品成本明细账及完工产品成本如表 2-2-9～表 2-2-11 所示。

表 2-2-9 产品成本明细账

批号：101　　投产日期：2 月

产品名称：甲　　完工日期：4 月

产量：10 件　　金额单位：元

2012年		摘 要	直接材料	工时（小时）	直接人工	制造费用	合计
月	日						
3	31	累计发生	3 750	1 800			
4	30	本月发生	250	450			
4	30	累计发生数	4 000	2 250			
4	30	累计间接费用分配率			0.5	0.7	
4	30	完工产品应负担的费用			1 125	1 575	
4	30	本月完工产品成本转出	4 000	2 250	1 125	1 575	6 700

表 2-2-10 产品成本明细账

批号：102　　投产日期：3 月

产品名称：乙　　完工日期：4 月

产量：5 件　　金额单位：元

2012年		摘要	直接材料	工时（小时）	直接人工	制造费用	合计
月	日						
3	31	累计发生	2 200	590			
4	30	本月发生	300	810			

续表

2012年 月	日	摘要	直接材料	工时（小时）	直接人工	制造费用	合计
4	30	累计发生数	2 500	1 400			
4	30	累计间接费用分配率			0.5	0.7	
4	30	完工产品应负担的费用			700	980	
4	30	本月完工产品成本转出	2 500	1 400	700	980	4 180

表 2-2-11　产品成本明细账

批号：103　　投产日期：3 月

产品名称：丙　　完工日期：6 月

产量：4 件　　金额单位：元

2012年 月	日	摘要	直接材料	工时（小时）	直接人工	制造费用	合计
3	31	累计发生	1 600	960			
4	30	本月发生	300	1 640			
4	30	累计发生数	1 900	2 600			

巩固练习

一、单项选择题

1．辅助生产的工具模具制造，一般应采用（　　）。

A．分批法　　B．分步法　　C．分类法　　D．品种法

2．对于成本计算的分批法，下列说法正确的有（　　）。

A．不存在完工产品与在产品之间的费用分配问题

B．成本计算期与会计报告期一致

C．适用于小批、单件、管理上不要求分步骤计算成本的多步骤生产

D．以上说法完全正确

3．采用简化的分批法，在各批产品、完工产品与在产品之间分配间接计入费用，都是利用（　　）。

A．累计间接计入费用分配率　　B．累计生产工时

C．累计原材料费用分配率　　D．间接计入费用分配率

4．采用简化的成本，累计间接计入费用分配率（　　）。

A．只是各批产品之间分配间接计入费用的依据

B．只是各批在产品之间分配间接计入费用的依据

C．既是各批产品之间又是完工产品与月末在产品之间分配间接计入费用的依据

D．是完工产品与月末在产品之间分配间接计入费用的依据

5．产品成本计算的分批法，适用于的生产组织是（　　）。

A．大量大批生产　　B．大量小批生产

C．单件成批生产　　D．小件单批生产

6．小批、单件生产的产品，适宜采用的成本计算方法是（　　）。

A．品种法　B．分批法　C．分步法　D．分类法

7．下列情况中，不适宜采用简化分批法的是（　　）。

A．产品的批数较多　　B．月末未完工产品批数较多

C．各月间接计入费用水平相差不多　D．各月间接计入费用水平相差较多

8．采用简化分批法，产品完工以前产品成本明细账（　　）。

A．只登记各种材料费用

B．登记间接计入费用，不登记直接计入费用

C．登记直接计入费用，不登记间接计入费用

D．不登记任何费用

9．在各种产品成本计算方法中，必须设置基本生产成本二级账的方法是（　　）。

A．分类法　　B．定额法

C．简化分批法　　D．平行结转分步法

10．简化分批法是（　　）。

A．分批计算在产品成本的分批法　B．不分批计算在产品成本的分批法

C．不计算在产品成本的分批法　D．不分批计算完工产品成本的分批法

二、多项选择题

1．采用分批法计算产品成本时，成本计算对象可以是（　　）。

A．一张订单中的不同品种产品分别确定

B．一张订单中的同品种产品分批确定

C．一张订单中的不同品种产品分批确定

D．多张订单中的同品种产品分别确定

2．分批法的特点有（　　）。

A．成本计算不定期，成本计算期与产品生产周期基本一致

B．一般不存在在产品与完工产品之间的费用分配问题

C．适用于发电、供水、采掘等企业

D．成本计算对象是产品的批别

3．简化分批法的适用条件是（　　）。

A．同一月份投产的产品批数较多　　B．月末完工产品批数较少

C．各月生产费用水平相差不多　　D．各月间接费用水平相差不多

4．产品成本计算的分批法适用于（　　）。

A．单件小批类型的生产　　B．小批单步骤

C．小批量、管理上不要求分生产步骤计算产品成本的多步骤

D．大量、大批的单步骤　　E．大量大批的多步骤

5．在按分批法计算产品成本时，各批生产成本明细账上（　　）。

A．只反映报告月份以前累计发生的费用　　B．只登记报告月份发生的费用

C．包括报告月份发生的费用　　D．包括报告月份以前累计发生的费用

6．按分批法计算产品成本时，间接计入费用的分配方法有（　　）。

A．当月分配法　　B．约当产量法　　C．累计分配法

D．综合分配律法　　E．定额成本法

7．采用分批法计算产品成本时，如果批内产品跨月陆续完工的情况不多，而且完工产品数量占全部批量的比重很小，先完工的产品成本可以（　　）。

A．按计划单位成本计算　　B．按定额单位成本计算

C．按最近一期相同产品的实际单位成本计算

D．不再计算全批产品的实际成本

E．全批产品完工时，还需要计算全批产品实际的总成本和单位成本

8．采用简化的分批法（　　）。

A．不计算在产品成本　　B．不分批计算在产品成本

C．不计算全部产品成本　　D．计算全部在产品成本

9．采用简化分批法设立的基本生产成本二级账，其作用在于（　　）。

A．按月提供企业或车间全部产品的累计生产费用

B．按月提供企业或车间全部产品的累计生产工时

C．计算登记完工产品总成本　　D．计算登记月末在产品总成本

E．只登记直接生产费用和生产工时

10．简化分批法下，累计间接计入费用分配率是（　　）。

A．各批产品之间分配间接计入费用的依据

B．在各批完工产品之间分配各该费用的依据

C．在完工批别和月末在产品批别之间分配间接计入费用的依据

D．在某批产品的完工产品和月末在产品之间分配间接计入费用的依据

E．以上均正确

三、判断题

1．采用简化分批法，在没有完工产品的月份，各批产品成本明细账中只登记各项间接费用。（　　）

2．采用分批法，产品的批别和批量往往根据需用单位的订单确定，因而按照产品批别计算产品成本，往往也就是按照订单计算产品成本，所以分批法亦称订单法。（　　）

3. 分批法的成本计算期是定期的，与会计报告期一致，而与产品的生产周期不一致。（ ）

4. 在投产批数繁多而且月末未完工批数较多的企业中，可以采用一种简化的分批法，也就是不分批计算在产品成本的分批法。（ ）

5. 采用累计间接费用分批法，在间接费用水平相差悬殊的情况下，会影响成本的正确性。（ ）

6. 采用简化的分批法，必须设立生产成本二级账。（ ）

7. 采用累计分配法，未完工产品不分配结转间接计入成本的费用。（ ）

8. 采用累计分配法，基本生产成本二级账的余额应与其明细账（产品成本计算单）的余额之和核对相符。（ ）

9. 采用分批法时，如果一张订单中规定有几种产品，也应合为一批组织生产。（ ）

10. 分批法一般不需要在完工产品和期末在产品之间分配生产费用，但一批产品跨月陆续完工时，也需要进行分配。（ ）

四、计算题

1. 资料：2012 年某企业生产 A、B 两种产品，生产组织属于小批生产，采用分批法计算成本。

（1）12 月份的产品批号有

1014 批号：A 产品 10 台，上月投产，本月完工 6 台。

1015 批号：B 产品 10 台，本月投产，本月完工 2 台。

（2）至 12 月份止各批号产品累计发生生产费用及工时如表 2-2-12 所示（单位：元）。

表 2-2-12

批号	原材料	工资及福利费	制造费用	生产工时（小时）
1014	3 360	2 350		6 000
1015	4 800	3 550		3 000
合计	8 160	5 900	4 500	9 000

（3）1014 批号 A 产品完工数量较大，原材料在生产开始时一次投入，其他费用在完工产品与在产品之间采用约当产量法分配，在产品完工程度为 50%。

（4）1015 批号 B 产品完工数量较少，完工产品按计划成本结转。每台产品单位计划成本：原材料费用 450 元，工资及福利费 320 元，制造费用 220 元。

要求：

（1）将制造费用累计数按两种批号产品累计生产工时比例分配（列出计算过程，小数点保留两位）。

（2）采用分批法，计算各批产品的完工成本和月末在产品成本，计算结果直接登记入产品生产成本明细账中（表 2-2-13、表 2-2-14）。

表 2-2-13　A 产品成本明细账

产品批号：1014

产品名称：A 产品　　投产日期：11 月

批量：10 台　　完工：6 台　　完工日期：12 月　　单位：元

2005 年		摘要	原材料	工资及福利费	制造费用	合计
月	日					

表 2-2-14　B 产品成本明细账

产品批号：1015

产品名称：B 产品　　投产日期：12 月

批量：10 台　　完工：2 台　　完工日期：12 月　　单位：元

2005 年		摘要	原材料	工资及福利费	制造费用	合计
月	日					

2．某企业采用分批法计算产品成本。某批号产品共 100 件，6 月份投产发生费用 520 000 元，7 月份发生费用 150 000 元，7 月份完工 20 件，交付订货单位，计划单位成本 7 200 元，8 月份发生费用 80 000 元，余下 80 件产品 8 月份全部完工。根据上述资料计算：

（1）8 月份完工 80 件产品的总成本 =

（2）该批产品的总成本 =

（3）该批产品的单位成本 =

3．资料：（1）该企业 2012 年 4 月有关资料如表 2-2-15 所示。

表 2-2-15　4 月份各批产品生产情况

产品批号	产量（台）	投产日期	完工日期
301 批号甲产品	10	2 月 20 日	4 月 18 日
302 批号乙产品	5	3 月 10 日	未完工
303 批号丙产品	4	4 月 16 日	未完工

（2）各批号直接费用与工时如下。

301 批号：

直接材料耗费：2 月份 27 040 元，3 月份 17 520 元，4 月份 2 640 元；

生产工时耗费：2 月份 80 小时，3 月份 240 小时，4 月份 200 小时。

302 批号：

直接材料耗费：3 月份 13 600 元，4 月份 10 240 元；

生产工时耗费：3 月份 80 小时，4 月份 220 小时。

303 批号：

直接材料耗费：4 月份 50 000 元；生产工时耗费：4 月份 180 小时。

（3）该企业 3 月份汇总的直接人工为 1 880 元，4 月份为 3 120 元。

（4）该企业 3 月份汇总的制造费用为 2 160 元，4 月份为 3 840 元。

要求：

（1）根据上述资料，采用简化的分批法计算各批完工产品的成本。

（2）登记生产成本二级账（表 2-2-16），并将余额与各批产品成本明细账中的月末在产品余额核对相符（表 2-2-17～表 2-2-19）。

表 2-2-16　生产成本二级账

金额单位：元

2012 年		摘要	直接材料	工时（小时）	直接人工	制造费用	合计
月	日						
3	31	累计在产品成本					
4	30	本月生产费用					
4	30	生产费用累计					
4	30	累计间接费用分配率					
4	30	本月转出完工产品成本					
4	30	月末在产品成本					

直接人工分配率 =

制造费用分配率 =

表 2-2-17　产品成本明细账

批号：301　　投产日期：2012 年 2 月 20 日

产品名称：甲产品　　完工日期：2012 年 4 月 18 日

产量：10 台　　金额单位：元

2012 年		摘要	直接材料	工时（小时）	直接人工	制造费用	合计
月	日						
2	28	本月生产费用					
3	31	本月发生生产费用					
4	30	本月生产费用					

续表

2012年		摘要	直接材料	工时（小时）	直接人工	制造费用	合计
月	日						
4	30	累计间接费用及分配率					
4	30	完工产品应负担的费用					
4	30	本月完工产品单位成本					

表 2-2-18　生产成本明细账

批号：302　　投产日期：2012 年 3 月 13 日

产品名称：乙产品　　完工日期：

产量：5 台　　金额单位：元

2012年		摘要	直接材料	工时（小时）	直接人工	制造费用	合计
月	日						
3	31	累计发生					
4	30	本月发生生产费用					
4	30	月末累计发生数					

表 2-2-19　生产成本明细账

批号：303　　投产日期：2012 年 4 月 15 日

产品名称：丙产品　　完工日期：

产量：4 台　　金额单位：元

2012年		摘要	直接材料	工时（小时）	直接人工	制造费用	合计
月	日						
4	30	本月发生生产费用					
4	30	月末累计发生数					

2.3　分步法

学习目标

1. 了解分步法、逐步结转分步法、综合结转分步法、分项结转分步法、平行结转分步法的概念。

2. 理解分步法的特点和适用条件。

知识精讲

一、分步法的概念

分步法是以每种产品生产步骤作为成本计算对象归集生产费用，计算产品成本的一种成本计算方法。

二、分步法的特点

1．以各种产品的生产步骤作为成本计算对象。

2．成本计算期定期按月进行，成本计算期与会计报告期一致，与产品生产周期不一致。

3．生产费用需要在完工产品和月末在产品之间进行分配。

三、分步法的适用范围

大量大批多步骤生产，并且管理上要求按生产步骤计算产品成本的企业。

四、分步法的分类

分步法按是否需要计算和结转各步骤半成品成本分为逐步结转分步法和平行结转分步法两种。如果成本管理要求计算和结转各步骤半成品成本，可以采用逐步结转分步法计算产品成本；否则，可以采用平行结转分步法计算产品成本。

（一）逐步结转分步法

1．逐步结转分步法的概念

逐步结转分步法是按照产品的生产顺序，逐步计算并结转半成品成本，前一步骤的半成品成本，随着半成品实物的转移而结转到后一步骤的产品成本中，直到最后步骤累计计算出产成品成本的一种成本计算方法。因为该方法能够提供各步骤完整的半成品成本资料，因此，此方法也称为“计算半成品成本法”。

2．逐步结转分步法的特点

（1）成本计算对象是各生产步骤半成品和最后步骤的产成品。

（2）各步骤都计算半成品成本，半成品成本结转与半成品实物转移一致。

（3）月末必须分步骤确定在产品成本（即狭义在产品成本），并计算各步骤半成品成本和最终完工产品成本。

（4）月末须采用一定方法结转各步骤半成品成本。其方法有综合结转分步法和分项结转分步法。

3．逐步结转分步法的优缺点

（1）优点

① 该方法能够提供各个生产步骤半成品成本资料，有利于各个生产步骤的成本管理。

② 能够为半成品和在产品实物管理和资金管理提供数据。

（2）缺点

① 逐步结转各步骤生产成本，成本计算工作较慢。

② 采用综合结转法结转半成品成本时，要进行成本还原。

③ 分项结转法结转半成品成本时，各步骤结转工作量大。

4．逐步结转分步法的适用范围

逐步结转分步法适用于半成品能对外销售、半成品有独立的经济意义、管理上要求提供各个步骤半成品成本资料的大量大批连续式多步骤生产企业。

5．逐步结转分步法的成本计算程序

逐步结转分步法的成本计算程序取决于半成品实物的流转程序。

（1）在半成品不通过半成品库收发的情况下：先计算第一步骤半成品成本，然后随着半成品实物的转移，将其成本转入第二步骤生产成本明细账，再加上第二步骤所发生的费用，计算出第二步骤半成品成本，按照加工步骤累计结转，直到最后步骤计算出产成品成本为止。

（2）在半成品通过半成品库收发的情况下，半成品完工后，不为下一步骤直接领用，而要通过半成品库收发，应设置“自制半成品”账户进行核算。

（3）每月月末，各项生产费用在各步骤生产成本明细账中归集以后，如果既有完工半成品，又有加工中的在产品，则应将各步骤的生产费用采用适当的分配方法在其完工半成品与加工中在产品（即狭义的在产品）之间进行分配，以便计算完工半成品成本。逐步结转分步法实际上就是品种法的多次连续应用。

6．逐步结转分步法的分类

逐步结转分步法按照半成品成本在下一步骤生产成本明细账中的反映方法，又可分为综合结转分步法和分项结转分步法。

（1）综合结转分步法

① 综合结转分步法的概念

将各步骤所耗用上一步骤半成品成本，以“原材料”、“直接材料”或专设“半成品”项目，综合计入各该步骤生产成本明细账的一种方法。

② 综合结转分步法的优缺点

优点：可以在各生产步骤产品成本明细账反映各该步骤完工产品所耗半成品费用和本步骤加工费用，有利于各个生产步骤的成本管理。

缺点：为了从企业角度反映产品成本构成，必须进行成本还原，增加了工作量。

③ 综合结转分步法的适用范围

半成品具有独立经济意义、管理上要求计算各步骤完工产品所耗半成品费用但不要求进行成本还原的企业。

④ 成本还原

A．成本还原的概念

所谓成本还原，是将产成品成本中以综合项目反映的自制半成品成本，采用一定的方法，逐步将其分解为原始成本项目反映的成本。即是从最后一个步骤起将各步骤所耗上一步骤半成品的综合成本，按照上一步骤所产半成品成本的结构，逐步分解还原成为直接材料、直接人工、制造费用等原始成本项目，从而求得按原始成本项目反映的产成品成本资料。

B．成本还原的方法

成本还原的方法：按照反工艺程序进行（即与产品成本计算的程序相反），从最后一个步骤起将各步骤所耗上一步骤半成品的综合成本，按照上一步骤所产半成品成本的结构，逐步分解还原成为直接材料、直接人工、制造费用等原始成本项目，直到第一生产步骤为止；然后，将还原前后各步骤相同成本项目金额加以汇总，从而计算出按原始成本项目反映的产成品实际总成本（该实际总成本与成本还原前产成品实际总成本一定相等）。

成本还原步骤比成本计算步骤少一步。即如果生产按 n 步进行，则需成本还原的次数为 $n-1$ 次。

成本还原的具体计算方法通常有还原分配率法（也称成本还原率法）和还原比重法（也称半成品实际成本构成比重法）。两种方法计算原理相同，计算结果一致。

（2）分项结转分步法

① 分项结转分步法的概念

分项结转分步法是将各步骤所耗用的上一步半成品成本，按照成本项目分项转入各该步骤产品成本明细账各个成本项目的一种方法。

② 分项结转分步法的优缺点

优点：提供按原始成本项目反映的企业产品成本资料；便于从整个企业角度考核和分析产品成本计划执行情况，且不需要进行成本还原。

缺点：成本结转工作复杂；各加工步骤完工产品成本看不出所耗上一步骤半成品费用和本步骤加工费用，不便于进行各步骤完工产品的成本分析。

③ 分项结转分步法的适用范围

管理上不要求分别提供各步骤完工产品所耗半成品和本步骤加工费用资料，但要求按原始成本项目反映产品成本的企业。

（二）平行结转分步法

1．平行结转分步法的概念

平行结转分步法指不计算各步骤半成品成本，只计算本步骤发生的费用以及这些费用应计入产品成本“份额”，将相同产品的各“份额”平行结转、汇总计算最终完工产品成本的一种方法。

2. 平行结转分步法的特点

（1）各步骤不计算半成品成本，只计算本步骤发生的生产费用。

（2）各步骤间不结转半成品成本，只进行实物转移，即半成品成本不随半成品实物转移而转移。

（3）不论半成品在各生产步骤之间是直接转移还是通过半成品仓库收发，均不通过“自制半成品”账户核算。

（4）每一生产步骤生产费用要在完工产品和月末在产品之间进行分配。

（5）在完工产品入库时，计算各步骤生产费用中应计入完工产品成本的“份额”，然后将这些“份额”平行结转、汇总，计算完工产品总成本和单位成本。

3. 平行结转分步法的优缺点

（1）优点

① 各步骤同时计算产品成本，平行汇总计入产品成本，不必逐步结转半成品成本，加速成本核算工作。

② 能直接提供按原始成本项目反映的产成品成本资料，不需要进行成本还原，有利于产品成本结构分析。

（2）缺点

① 成本结转与实物结转脱节，不能提供各步骤半成品成本资料。不能全面反映各步骤（第一步骤除外）生产耗费水平，不利于成本管理。

② 不能为各个生产步骤在产品实物管理和资金管理提供数据。

4. 平行结转分步法的适用范围

成本管理上要求分步归集生产费用，但不需要各步骤半成品成本的大量大批多步骤生产企业，特别是没有半成品对外销售的大量大批多步骤装配式生产企业。

注意

（1）逐步结转分步法实际上是品种法的多次连续应用。

（2）平行结转分步法下，“完工产品”是指企业最后步骤完工的产成品，即就整个企业而言的完工产品。“在产品”是指广义在产品，是就整个企业而言尚未完工的全部在产品和半成品，包括：

① 尚在本步骤加工中的在产品，即狭义在产品；

② 本步骤已完工转入半成品库的半成品；

③ 本步骤已完工转到以后各步骤进一步加工但尚未最后完工的半成品。

例题解析

例 2-3-1 （计算题）资料：某企业生产 A 产品需经过第一车间和第二车间连续加工完成。采用逐步结转分步法计算成本，第一车间本月转入第二车间的生产费用合计（半成品成本）80 000 元，其中：原材料 50 000 元，工资 10 000 元，制造费用 20 000 元。第二车间本月发生的工资费用 6 000 元，制造费用 12 500 元。第二车间月初在产品成本 12 000 元，其中半成品 10 000 元，工资费用 800 元，制造费用 1 200 元；第二车间期末在产品按定额成本核算 18 000 元，其中：半成品成本 15 000 元，工资费用 1 100 元，制造费用 1 900 元。

要求：根据以上资料采用综合结转分步法登记第二车间产品成本明细账，并计算结转完工产品成本（表 2-3-1）（单位：元）。

表 2-3-1 产品成本明细账

车间：二车间 （综合结转） 产品名称：A 产品

成本项目	直接材料	直接人工	制造费用	合计
期初在产品成本				
本月发生费用				
合计				
结转完工产品成本				
期末在产品成本				

解 如表 2-3-2 所示（单位：元）。

表 2-3-2 产品成本明细账

车间：二车间 （综合结转） 产品名称：A 产品

成本项目	直接材料	直接人工	制造费用	合计
期初在产品成本	10 000	800	1 200	12 000
本月发生费用	80 000	6 000	12 500	98 500
合计	90 000	6 800	13 700	110 500
结转完工产品成本	65 000	5 700	11 800	92 500
期末在产品成本	15 000	1 100	1 900	18 000

例 2-3-2 （计算题）企业 A 产品生产分两个步骤，分别由第一、第二两个生产车间进行。第一车间生产半成品，交半成品库验收，第二车间按所需半成品数量向半成品库领用；第二车间所耗半成品费用按全月一次加权平均单位成本计算。两个车间月末在产品按定额成本计价。该企业采用按实际成本综合结转的逐步结转分步法计算 A 产品成本。

第一、第二车间月初、月末在产品定额成本资料及本月生产费用资料见“产品成本明细账”（表 2-3-3、表 2-3-5）；自制半成品月初余额、本月第一车间完工半成品交库数量及本月第二车间领用自制半成品数量见“自制半成品明细账”（表 2-3-4）。

要求：

（1）计算填列“产品成本明细账”（表 2-3-3、表 2-3-5）和“自制半成品明细账”（表 2-3-4），并编制有关的会计分录。

（2）计算填列“产品成本还原计算表”（表 2-3-6）（列出还原分配率的计算过程）。

表 2-3-3　产品成本明细账

车间：第一车间　　产品名称：半成品 A　　单位：元

成本项目	直接材料	直接人工	制造费用	合计
期初在产品成本	6 000	3 800	2 900	12 700
本月发生费用	30 200	21 500	16 500	68 200
合计				
结转完工产品成本				
期末在产品成本	6 300	2 800	1 800	10 900

表 2-3-4　自制半成品明细账

半成品名称：半成品 A　　金额单位：元

月份	月初数量		本月增加		合计			本月减少	
	数量（件）	实际成本	数量（件）	实际成本	单位成本	数量（件）	实际成本	数量（件）	实际成本
4	500	11 000	2 500					2 600	
5			—	—	—	—	—	—	—

表 2-3-5　产品成本明细账

车间：第二车间　　产品名称：产成品 A　　单位：元

成本项目	直接材料	直接人工	制造费用	合计
期初在产品成本	27 600	2 450	2 600	32 650
本月发生费用		19 600	15 400	
合计				
结转完工产品成本				
期末在产品成本	13 800	5 250	400	19 540

表 2-3-6　产品成本还原计算表

单位：元

项目	还原分配率	半成品	直接材料	直接人工	制造费用	成本合计
还原前产成品成本	—		—			
本月所产半成品成本	—	—				
成本还原						
还原后产成品成本	—	—				

解 如表 2-3-7～表 2-3-10 所示。

表 2-3-7 产品成本明细账

车间：第一车间　　产品名称：半成品 A　　单位：元

成本项目	直接材料	直接人工	制造费用	合计
期初在产品成本	6 000	3 800	2 900	12 700
本月发生费用	30 200	21 500	16 500	68 200
合计	36 200	25 300	19 400	80 900
结转完工产品成本	29 900	22 500	17 600	70 000
期末在产品成本	6 300	2 800	1 800	10 900

表 2-3-8 自制半成品明细账

半成品名称：半成品 A　　金额单位：元

月份	月初数量		本月增加		合计			本月减少	
	数量（件）	实际成本	数量（件）	实际成本	单位成本	数量(件)	实际成本	数量（件）	实际成本
4	500	11 000	2 500	70 000	27	3 000	81 000	2 600	70 200
5	400	10 800	—	—	—	—	—	—	—

表 2-3-9 产品成本明细账

车间：第二车间　　产品名称：产成品 A　　单位：元

成本项目	直接材料	直接人工	制造费用	合计
期初在产品成本	27 600	2 450	2 600	32 650
本月发生费用	70 200	19 600	15 400	105 200
合计	97 800	22 050	18 000	137 850
结转完工产品成本	64 000	16 800	17 600	118 400
期末在产品成本	13 800	5 250	400	19 540

表 2-3-10 产品成本还原计算表

单位：元

项目	还原分配率	半成品	直接材料	直接人工	制造费用	成本合计
还原前产成品成本	—	84 000	—	16 800	17 600	118 400
本月所产半成品成本	—	—	29 900	22 500	17 600	70 000
成本还原	1.2	–84 000	35 880	27 000	21 120	0
还原后产成品成本	—	—	35 880	43 800	38 720	118 400

例 2-3-3 （计算题）资料如表 2-3-11 所示。

表 2-3-11 产品成本还原表

产品名称：甲产品　　　　产量：100 件　　　　单位：元

项目	还原分配率	半成品	直接材料	直接人工	制造费用	成本合计
还原前产成品成本		8 400		2 800	4 160	15 360
本月所产半成品成本			（2 900）	（1 380）	（2 720）	（7 000）
成本还原						
还原后产成品成本						
还原后产成品单位成本						

要求：

（1）计算还原分配率，完成表 2-3-11。

（2）将还原前的产成品成本中的半成品费用，按本月所产半成品成本的实际结构比重进行还原，计算原始成本项目反映的产成品成本。（要求列出计算过程）

解 如表 2-3-12 所示。

表 2-3-12 产品成本还原表

产品名称：甲产品　　　　产量：100 件　　　　单位：元

项目	还原分配率	半成品	直接材料	直接人工	制造费用	成本合计
还原前产成品成本		8 400		2 800	4 160	15 360
本月所产半成品成本			（2 900）	（1 380）	（2 720）	（7 000）
成本还原	1.2	−8 400	3 480	1 656	3 264	0
还原后产成品成本			3 480	4 456	7 424	15 360
还原后产成品单位成本			34.80	44.56	74.24	153.60

（1）还原分配率 $= 8\,400 \div 7\,000 = 1.2$

（2）① 还原比重：直接材料 $= 2\,900 \div 7\,000 \times 100\% = 41.43\%$

直接人工 $= 1\,380 \div 7\,000 \times 100\% = 19.71\%$

制造费用 $= 100\% - 41.43\% - 19.71\% = 38.86\%$

② 还原金额：直接材料 $= 8\,400 \times 41.43\% = 3\,480.12$（元）

直接人工 $= 8\,400 \times 19.71\% = 1\,655.64$（元）

制造费用 $= 8\,400 \times 38.86\% = 3\,264.24$（元）

③ 还原后金额：直接材料 $= 3\,480.12$（元）

直接人工 $= 1\,655.64 + 2\,800 = 4\,455.64$（元）

制造费用 $= 3\,264.24 + 4\,160 = 7\,424.24$（元）

④ 还原后产成品的总成本 $= 3\,480.12 + 4\,455.64 + 7\,424.24 = 15\,360$（元）

巩固练习

一、单项选择题

1. 为了能提供按原始成本项目反映的产成品成本资料，采用（　　）计算产品成本时，需要进行成本还原。

A. 综合结转分步法　　B. 品种法

C. 平行结转分步法　　D. 逐步结转分步法

2. 平行结转分步法特别适用于（　　）的企业。

A. 单步骤生产　　B. 装配式多步骤生产

C. 连续式多步骤生产　　D. 单件小批生产

3. 平行结转分步法的优点是（　　）。

A. 能够提供各个生产步骤半成品成本资料

B. 能够为半成品的实物管理提供数据

C. 各生产步骤可以同时计算完工产品成本

D. 便于各生产步骤的成本管理

4. 逐步结转分步法的缺点是（　　）。

A. 能够提供各个生产步骤半成品成本资料

B. 为各个生产步骤的在产品实物管理及资金管理提供资料

C. 能够反映各生产步骤的资金耗费水平

D. 逐步综合结转分步法需要进行成本还原

5. 采用平行结转分步法时，完工产品是指（　　）。

A. 企业最后完工的产品　　B. 广义的在产品

C. 第一步骤的半成品　　D. 各步骤所耗上一步骤的半成品

6. 产品成本计算的平行结转分步法（　　）。

A. 要求进行成本还原　　B. 产品成本随实物转移而结转

C. 在产品为本步骤尚未完工的部分　　D. 是不计算半成品成本的分步法

7. 某产品由五个生产步骤组成，采用平行结转分步法计算产品成本，需要进行成本还原的次数是（　　）。

A. 5　　B. 4　　C. 3　　D. 0

8. 平行结转分步法（　　）。

A. 需要进行成本还原　　B. 不需要进行成本还原

C. 能够提供完整的半成品成本资料　　D. 能加强物资和资金的有效管理

9. 需要进行成本还原的分步法是（　　）。

A. 平行结转分步法　　B. 分项结转分步法

C．综合结转分步法　　D．逐步结转分步法

10．分步法适用于（　　）。

A．大量大批生产　　B．单件小批生产

C．单步骤生产　　D．大量大批多步骤生产

11．成本还原的对象是（　　）。

A．产成品成本　　B．各步骤半成品成本

C．最后步骤产成品成本

D．产成品成本中所耗上步骤半成品成本费用

12．某产品生产分两个步骤，采用逐步结转分步法计算成本，本月第一步骤完工入库的半成品为10000元，本月第二步骤领用的半成品成本为8000元，本月发生的其他生产费用为12000元，月初、月末在产品成本分别为2000元和1600元。据此计算的该产品产成品成本为（　　）元。

A．22400　　B．21800　　C．20400　　D．19600

二、多项选择题

1．采用分项结转分步法结转半成品的优点有（　　）。

A．提供按原始成本项目反映的企业产品成本资料

B．便于各生产步骤的成本分析

C．便于各生产步骤完工产品的成本分析

D．便于从整个企业角度考核和分析产品成本计划执行情况，不需要进行成本还原。

2．企业为了（　　），需要计算产品各生产步骤的半成品成本。

A．提供各种产成品所耗用的同一种半成品的费用数据

B．全面地分析和考核各生产步骤生产耗费水平和资金占用水平

C．进行同行业半成品成本指标的对比

D．计算对外销售半成品的损益

3．产品成本计算的平行结转分步法特点是（　　）。

A．各步骤不结转半成品成本　　B．各步骤计算并结转半成品成本

C．各步骤计算本步骤发生的生产费用中应计入产品成本的“份额”

D．各步骤将其计入产品成本的“份额”平行结转，汇总计算产成品总成本和单位成本

4．平行结转分步法一般宜在（　　）的情况下采用。

A．半成品种类较少　　B．逐步结转半成品成本的工作量较大

C．管理上要求提供各步骤半成品成本资料　　D．半成品种类较多

5．采用平行结转分步法计算产品成本，最后一个生产步骤的产品成本明细账中，能够反映的数据有（　　）。

A．产成品实际成本

B．所耗上步骤的半成品成本

C．本步骤其他费用

D．本步骤其他费用中应计入产成品成本的份额

6．在平行结转法下，某生产步骤的在产品包括（　　）。

A．本步骤尚未加工完成的在产品　　B．前步骤尚未加工完成的在产品

C．后步骤尚未加工完成的在产品　　D．本步骤加工完成入库的半成品

7．下列方法中，成本计算期与会计报告期一致的有（　　）。

A．品种法　　B．逐步结转分步法　　C．分批法

D．平行结转分步法　　E．分类法

8．采用逐步结转分步法（　　）。

A．半成品成本的结转同其实物的转移完全一致

B．成本核算手续简便

C．能够提供半成品成本资料

D．有利于加强生产资金管理

E．为外售半成品和展开成本指标评比提供成本资料

9. 采用逐步结转分步法，按照结转的半成品成本在下一步骤产品成本明细账中的反映方法，可分为（　　）。

A．平行结转法　　B．按照实际成本结转法

C．按计划成本结转法　　D．综合结转法　　E．分项结转法

10．采用分步法时，作为成本计算对象的生产步骤可以（　　）。

A．按生产车间设立　　B．按照实际生产步骤设立

C．在一个车间内按不同生产步骤设立　　D．将以上几个车间合并设立

三、判断题

1．采用分步法时，不论综合结转还是分项结转，其成本明细账登记方法相同。（　　）

2．产成品成本进行成本还原的次数与其计算成本的生产步骤数肯定不相等。（　　）

3．采用分步法计算产品成本时，半成品成本的结转与半成品实物的转移是一致的。（　　）

4. 采用平行结转分步法时，不论半成品在各生产步骤之间是直接转移还是通过半成品仓库收发，均不通过“自制半成品”账户核算。（　　）

5．平行结转分步法下，各生产步骤都不能反映其生产耗费水平。（　　）

6. 不论是综合结转还是分项结转，第一步骤的产品成本明细账登记方法是相同的 。（　　）

7. 采用分步法时，都必须按照生产步骤在完工半成品与加工中的在产品之间分配费

用。（ ）

8．分步法的成本计算对象是各种产品的生产步骤和产品品种。（ ）

9．逐步结转分步法实际上就是品种法的多次连续应用。（ ）

10．平行结转分步法一般只适宜在半成品种类较多，逐步结转半成品成本的工作量较大，管理上又不要求提供各步骤半成品成本资料的情况下采用。（ ）

四、计算题

1．某工业企业的主要产品是 A 产品，其生产由两个步骤完成，分别在第一基本生产车间和第二基本生产车间进行，有关数据如表 2-3-13～表 2-3-15 所示。

表 2-3-13　产品成本明细账

第一车间：半成品 A　　　　单位：元

项目	原材料	工资及福利费	制造费用	合计
月初在产品成本	18 000	5 000	11 000	34 000
本月生产费用	50 000	7 800	25 200	83 000
生产费用合计				
半成品成本				
月末在产品成本	24 000	4 000	16 000	44 000

表 2-3-14　产品成本明细账

第二车间：产成品 A　　　　单位：元

项目	原材料	工资及福利费	制造费用	合计
月初在产品成本	12 000	4 000	3 000	19 000
本月生产费用		32 000	12 000	
生产费用合计		36 000	15 000	
产成品成本				
月末在产品成本	17 700	6 400	2 400	26 500

表 2-3-15　产品成本还原计算表

单位：元

项目	还原分配率	半成品	原材料	工资及福利费	制造费用	成本合计
还原前产品成本	—					
本月所产半成品成本	—					
成本还原						
还原后产成品成本	—					

要求：

（1）采用综合结转分步法计算产品成本，假设第一步骤完工的半成品全部为第二步骤领用，不通过半成品库收发。

（2）进行成本还原。

（3）编制有关会计分录。

2．某企业甲产品经过三个车间连续加工制成，一车间生产 A 半成品，直接转入二车间加工制成 B 半成品，B 半成品直接转入三车间加工成甲产成品。其中，1 件甲产品耗用 1 件 B 半成品，1 件 B 半成品耗用 1 件 A 半成品。原材料于生产开始时一次投入，各车间月末在产品完工率均为 50%。各车间生产费用在完工产品和在产品之间的分配采用约当产量法。（不通过半成品库）

本月各车间产量资料如表 2-3-16 所示（单位：件）。

表 2-3-16　本月各车间产量

摘要	一车间	二车间	三车间
月初在产品数量	20	50	40
本月投产数量或上步转入	180	160	180
本月完工产品数量	160	180	200
月末在产品数量	40	30	20

各车间月初及本月费用资料如表 2-3-17 所示（单位：元）。

表 2-3-17　各车间月初及本月费用

摘要		直接材料	直接人工	制造费用	合计
一车间	月初在产品成本	1 000	60	100	1 160
	本月生产费用	18 400	2 200	2 400	23 000
二车间	月初在产品成本		200	120	320
	本月生产费用		3 200	4 800	8 000
三车间	月初在产品成本		180	160	340
	本月生产费用		3 450	2 550	6 000

要求：编制各步骤成本计算单，采用综合结转分步法计算各步骤半成品成本及产成品成本（表 2-3-18～表 2-3-20），并进行成本还原（分别按项目比重还原法和还原率法还原）。

表 2-3-18　第一车间成本计算单

产品名称：半成品 A

摘要	直接材料	直接人工	制造费用	合计
月初在产品成本				
本月发生费用				
费用合计				
约当产量合计				
单位成本				
完工产品成本				
月末在产品成本				

表 2-3-19　第二车间成本计算单

产品名称：半成品 B

摘要	直接材料	直接人工	制造费用	合计
月初在产品成本				
本月发生费用				
费用合计				
约当产量合计				
单位成本				
完工产品成本				
月末在产品成本				

表 2-3-20　第三车间成本计算单

产品名称：甲产品

摘要	直接材料	直接人工	制造费用	合计
月初在产品成本				
本月发生费用				
费用合计				
约当产量合计				
单位成本				
完工产品成本				
月末在产品成本				

（1）项目比重还原法（表 2-3-21）

表 2-3-21　产成品还原计算表

成本项目	三车间	二车间			一车间			还原后的完工产品成本	
	还原前产成品成本	本月所产半成品成本	占产品成本(%)	第一次成本还原金额	本月所产半成品成本	占产品成本（%）	第二次成本还原金额	总成本	单位成本
直接材料									
耗用上一步骤半成品									
直接人工									
制造费用									
合计									

（2）还原率法（表 2-3-22）

表 2-3-22　产成品还原计算表

项目	三车间	二车间		一车间		还原后的完工产品成本	
	还原前产成品成本	本月所产半成品成本	第一次成本还原金额	本月所产半成品成本	第二次成本还原金额	总成本	单位成本
还原率							
直接材料							
耗用上一步骤半成品							
直接人工							
制造费用							
合计							

读者意见反馈表

书名：课课通成本会计（财会类）　　**主编：**王月红　　**策划编辑：**张　凌　陶　亮

谢谢您关注本书！烦请填写该表。您的意见对我们出版优秀教材、服务教学，十分重要。如果您认为本书有助于您的教学工作，请您认真地填写表格并寄回。**我们将定期给您发送我社相关教材的出版资讯或目录，或者寄送相关样书。**

个人资料

姓名＿＿＿＿＿年龄＿＿＿联系电话＿＿＿＿＿＿＿（办）＿＿＿＿＿＿＿（宅）＿＿＿＿＿＿＿（手机）

学校＿＿＿＿＿＿＿＿＿＿＿＿＿＿＿＿＿＿＿专业＿＿＿＿＿＿＿职称/职务＿＿＿＿＿＿＿＿＿

通信地址＿＿＿＿＿＿＿＿＿＿＿＿＿＿＿＿＿＿邮编＿＿＿＿＿＿E-mail＿＿＿＿＿＿＿＿＿＿＿

本书在内容上需要更正的疏漏、错误：

请您详细填写：＿＿＿＿＿＿＿＿＿＿＿＿＿＿＿＿＿＿＿＿＿＿＿＿＿＿＿＿＿＿＿＿＿＿＿＿

巩固练习、试卷参考答案是否存在不匹配、错误的答案：

请您详细填写：＿＿＿＿＿＿＿＿＿＿＿＿＿＿＿＿＿＿＿＿＿＿＿＿＿＿＿＿＿＿＿＿＿＿＿＿

还存在哪些没有覆盖到的知识点、考点：

请您补充：＿＿＿＿＿＿＿＿＿＿＿＿＿＿＿＿＿＿＿＿＿＿＿＿＿＿＿＿＿＿＿＿＿＿＿＿＿＿

您希望本书内容在哪些方面得到改进？

□知识要点　□例题解析　□巩固练习　□试卷数量　□配套资源

请您详细填写：＿＿＿＿＿＿＿＿＿＿＿＿＿＿＿＿＿＿＿＿＿＿＿＿＿＿＿＿＿＿＿＿＿＿＿＿

感谢您的配合，您的意见是我们进步的阶梯！可将本表或者您的建议、意见，按以下方式反馈给我们：

【方式一】电子邮件：zling@phei.com.cn（张凌）　或者 taoliang@phei.com.cn（陶亮）

【方式二】邮局邮寄：北京市万寿路173信箱华信大厦1302室 中等职业教育分社（邮编：100036）

张凌 收　电话：010-88254583

如果您需要了解更详细的信息或有著作计划，请与我们联系。

“课课通”普通高校对口升学系列学习指导丛书

课课通

成本会计（财会类）

测试卷

王月红　主　编

颜丙波　副主编

電子工業出版社

Publishing House of Electronics Industry

北京·BEIJING

目　录

第 1 章　费用的核算　阶段测试卷

时间：90 分钟　　满分：100 分

一、单项选择题（每题 1.5 分，共 15 分）

1. 各项消耗定额或费用定额比较准确、稳定，而且各月末在产品数量变化不大的产品，在完工产品与月末在产品之间分配费用适宜采用（　　）。

A. 在产品按固定成本计价法　　B. 约当产量比例法

C. 在产品按定额成本计价法　　D. 定额比例法

2. 某产品本月完工 50 件，月末在产品 60 件，在产品平均完工程度为 50%，累计发生产品费用 100 000 元，采用约当产量比例法计算在产品成本时，本月完工产品的成本是（　　）元。

A. 37 500　　B. 45 455　　C. 54 545　　D. 62 500

3. 下列项目中应计入产品成本的停工损失是（　　）。

A. 由于自然灾害引起的非正常停工损失　　B. 非正常原因发生的停工损失

C. 固定资产修理期间的停工损失　　D. 非季节性停工损失

4. 按年度计划分配率分配制造费用的方法适用于（　　）。

A. 制造费用数额较大的企业　　B. 季节性生产企业

C. 基本生产车间规模较小的企业　　D. 制造费用数额较小的企业

5. 在各辅助车间相互提供劳务很少的情况下，适宜采用的辅助生产费用分配方法是（　　）。

A. 直接分配法　　B. 交互分配法

C. 计划成本分配法　　D. 代数分配法

6. 如果辅助生产车间的制造费用通过“制造费用”账户核算，辅助生产车间的待分配费用是（　　）。

A. 辅助生产车间的制造费用

B. 辅助生产车间专设成本项目的直接计入费用

C. 辅助生产车间专设成本项目的间接计入费用

D. 辅助生产成本明细账中和辅助生产制造费用明细账中待分配费用之和

7. 不应作为工业企业在产品的是（　　）。

A. 已经完成生产过程，但尚未验收入库的产品　　B. 等待返修的废品

C. 对外销售的产品　　D. 自制半成品

8．某生产车间生产甲和乙两种产品，该车间共发生制造费用 60 000 元，生产甲产品和乙产品生产工人工时都是 3 000 小时。若按生产工人工时比例分配制造费用，甲和乙两种产品应负担的制造费用分别为（　　）元。

A．30 000 和 30 000　　B．36 000 和 24 000

C．40 000 和 20 000　　D．24 000 和 36 000

9．下列各项中属于产品生产成本项目的是（　　）。

A．外购动力费用　　B．制造费用

C．工资费用　　D．折旧费用

10．采用辅助生产费用分配的交互分配法，对外分配的费用总额是（　　）。

A．交互分配前的费用

B．交互分配前的费用加上交互分配转入的费用

C．交互分配前的费用减去交互分配转出的费用

D．交互分配前的费用加上交互分配转入的费用，再减去交互分配转出的费用

二、多项选择题（每题 3 分，共 15 分）

1．生产费用在完工产品与在产品之间的分配，如若采用在产品按固定成本计价法，其应满足的条件是（　　）。

A．月末在产品已接近完工，只是尚未包装或尚未验收入库的产品

B．各月末在产品的数量较少

C．各项消耗定额或费用定额比较准确、稳定，但各月末在产品数量变动较大的产品

D．在产品数量虽大，但各月之间变化不大的产品

2．采用约当产量比例法，必须正确计算在产品的约当产量，而在产品约当产量计算正确与否取决于产品完工程度的测定，测定在产品完工程度的方法有（　　）。

A．按 50%平均计算各工序完工率　　B．分工序分别计算完工率

C．按定额比例法计算　　D．按定额工时计算

E．按原材料消耗定额计算

3．成本会计的职能包括（　　）。

A．成本预测、决策　　B．成本核算、分析

C．成本计划　　D．成本控制

E．成本考核

4．为了正确计算产品成本，企业必须划分（　　）的界限。

A．各个会计期间的产品成本　　B．各种产品的成本

C．完工产品成本和在产品成本　　D．产品成本和期间费用

5．本月发生的生产费用与月初、月末在产品及本月完工产品成本之间的关系是（　　）。

A. 月初在产品成本 + 本月发生的生产费用 = 本月完工产品成本 + 月末在产品成本

B. 月初在产品成本 + 本月完工产品成本 = 本月发生的生产费用 + 月末在产品成本

C. 本月完工产品成本 = 月初在产品成本 + 本月发生的生产费用 − 月末在产品成本

D. 本月完工产品成本 = 月末在产品成本 + 本月发生的生产费用 − 月初在产品成本

三、判断题（每题 1 分，共 10 分）

1. 如果工业企业只生产一种产品，则直接生产成本和间接生产成本都可以直接计入该种产品成本。（　　）

2. 各月末在产品数量很少的产品可以不计算月末在产品成本。（　　）

3. 当期末在产品数量很少时，对生产成本在完工产品和在产品之间进行分配时，不需要考虑期末在产品应负担的生产成本。（　　）

4. 如果产品的消耗定额准确、稳定，各月末在产品数量变化不大，产品成本中原材料费用所占比重较大，为简化成本计算，月末在产品可以按定额原材料费用计价。（　　）

5. “废品损失”账户是为了归集和分配废品损失而设立的，该账户期末应该有借方余额。（　　）

6. 约当产量比例法适用于工资、制造费用等的分配，不适用于原材料费用的分配。（　　）

7. 计算产品成本，都要在完工产品与月末在产品之间分配费用。（　　）

8. 对机械化、自动化程度较高的车间，其制造费用可以按生产工人工时比例分配法进行分配。（　　）

9. 在辅助生产费用分配的方法中，只有交互分配法才需要做两笔会计分录。（　　）

10. 成本会计机构内部的组织分工，既可以按成本会计的职能分工，也可以按成本会计的对象分工。（　　）

四、计算题（每题 12 分，共 60 分）

1.（12 分）某企业生产乙产品，月初在产品的原材料定额费用为 6 000 元，定额工时 1 000 小时，本月投入生产的原材料定额费用 36 000 元，定额工时 7 000 小时。月初在产品的实际费用：原材料 5 880 元，工资及福利费 3 300 元，制造费用 3 522 元。本月投入生产的实际费用：原材料 35 280 元，工资及福利费 23 100 元，制造费用 24 878 元。本月完工产品的原材料定额费用 37 200 元，定额工时 7 200 小时。

要求：采用定额比例法计算本月完工产品成本和在产品成本，并编制有关的会计分录。

2.（12 分）某企业生产的 A 产品分三道工序制成，各工序的原材料消耗定额为第一道工序 100 千克，第二道工序 60 千克，第三道工序 40 千克。在产品数量：第一道工序 150 件，第二道工序 200 件，第三道工序 250 件。

（1）假设该产品原材料在每道工序开始时一次投入，要求计算各工序完工率和约当产量。

（2）假设该产品原材料随着生产进度陆续投入，要求计算各工序完工率及约当产量。

3.（12分）某企业基本生产车间生产甲、乙、丙三种产品，7月份发生的生产工人的计时工资共计14 700元，甲产品完工1 000件，乙产品完工400件，丙产品完工450件，单件产品工时定额：甲产品2.5小时，乙产品2.45小时，丙产品1.6小时。

要求：按定额工时比例分配甲、乙、丙产品生产工人工资，并编制相关的会计分录。

4.（12 分）甲公司设有运输和修理两个生产车间，采用直接分配法分配辅助生产成本。运输车间的成本按运输里程分配，修理车间的成本按修理工时比例分配。该公司 2009 年 2 月有关辅助生产成本资料如下：

（1）运输车间本月共发生成本 22 500 元，提供运输劳务 5 000 公里；修理车间本月发生成本 240 000 元，提供修理劳务 640 工时。

（2）运输车间耗用修理车间劳务 40 工时，修理车间耗用运输车间劳务 500 公里。

（3）基本生产车间耗用运输车间劳务 2 550 公里，耗用修理车间劳务 320 工时。

（4）行政管理部门耗用运输车间劳务 1 950 公里，耗用修理车间劳务 280 工时。

要求：

（1）编制甲公司的辅助生产成本分配表。

（2）编制甲公司的辅助生产成本分配的会计分录。

5.（12 分）资料：A 公司设有一个基本生产车间，生产甲、乙两种产品，另设一个供电车间和一个机修车间为其提供服务。2010 年 6 月有关成本计算资料如下：

（1）甲产品生产工时 4 000 小时，直接材料 11 500 元，直接人工 4 200 元。

（2）乙产品生产工时 6 000 小时，直接材料 15 900 元，直接人工 5 700 元。

（3）基本生产车间机物料消耗 600 元，车间管理人员工资 2 300 元，折旧费 350 元。

（4）供电车间发生费用 18 620 元，本月供电 56 200 度，其中：机修车间 3 000 度，甲产品 20 000 度，乙产品 25 000 度，基本生产车间 5 000 度，行政管理部门 3 200 度。机修车间本月没有为基本生产车间提供劳务。

（5）甲产品月初在产品成本和月末在产品定额成本资料如表 1-1 所示。

表 1-1　产品成本计算单

产品名称：甲产品　　2010 年 6 月　　金额单位：元

项目	直接材料	直接人工	制造费用	合计
月初在产品成本	3 000	1 500	800	5 300
本月生产费用				
生产费用累计				
完工产品成本				
月末在产品成本	2 500	1 100	500	4 100

要求：

（1）采用直接分配法分配本月供电车间的辅助生产费用。

（2）按生产工时比例分配制造费用。

（3）采用定额成本法分配甲产品的生产费用，完成甲产品成本计算单，计算结果填入表 1-1 中。（若分配率除不尽，计算结果保留小数点后两位）

第 2 章　成本计算　阶段测试卷

时间：90 分钟　　满分：100 分

一、单项选择题（每题 1.5 分，共 15 分）

1．采用平行结转分步法（　　）。

A．不能全面反映各生产步骤的生产耗费水平

B．能全面反映各生产步骤的生产耗费水平

C．不能全面反映第一个生产步骤的生产耗费水平

D．能全面反映第一个生产步骤的生产耗费水平

2．采用逐步结转分步法，在完工产品与在产品之间分配费用，是指在（　　）之间的费用分配。

A．产成品与狭义在产品

B．完工半成品与月末在产品

C．前面步骤的完工半成品与加工中的在产品，最后步骤的产成品与加工中的在产品

D．产成品与广义的在产品

3．进行成本还原时，应以还原分配率乘以本月（　　）各个成本项目的费用。

A．所产半成品　　B．所产该种半成品

C．所耗半成品　　D．所耗该种半成品

4．采用逐步结转分步法，按照半成品成本在下一步骤成本明细账中的反映方法，可以分为（　　）。

A．综合结转分步法和分项结转分步法　　B．平行结转法和综合结转法

C．实际成本结转法和计划成本结转法　　D．平行结转法和分项结转法

5．成本还原分配率的计算公式是（　　）。

A．本月所产半成品合计 ÷ 本月产品成本所耗该种半成品费用

B．本月产品成本合计 ÷ 本月产成品所耗该种半成品费用

C．本月产品成本所耗上一步半成品费用 ÷ 本月所产该种半成品成本合计

D．本月产品所耗半成品费用 ÷ 本月产成品成本合计

6．成本还原的目的是为了求得按（　　）反映的产成品成本资料。

A．计划成本项　　B．定额成本项目

C．原始成本项目　　D．半成品成本项目

7．采用简化的分批法，各批产品、完工产品与在产品之间分配间接计入费用都是利用（　　）。

A．累计原材料　　　　　　　　B．累计生产工时
C．累计间接计入费用分配率　　D．间接计入费用分配率

8．品种法是产品成本计算的（　　）。
A．重要方法　B．最基本方法　C．主要方法　D．最一般方法

9．生产特点和管理要求对于产品成本计算的影响，主要表现在（　　）。
A．产品生产的品种上　　B．成本计算程序上
C．产品生产的批次上　　D．成本计算对象的确定上

10．划分产品成本计算方法的首要标志是（　　）。
A．成本计算期　　B．成本计算对象
C．产品的生产工艺过程　　D．完工产品与在产品之间是否分配费用

二、多项选择题（每题 3 分，共 15 分）

1．下列企业中，适合品种法计算产品成本的有（　　）。
A．发电企业　B．汽车制造业　C．采掘企业　D．船舶制造业

2．分批法和品种法的主要区别是（　　）。
A．成本计算对象　B．成本计算期　C．生产周期　D．会计核算期

3．平行结转分步法与逐步结转分步法相比，缺点有（　　）。
A．各步骤不能同时计算产品成本
B．需要进行成本还原
C．不能为实物管理和资金管理提供资料
D．不能提供各步骤的半成品成本资料

4．在采用逐步结转分步法计算产品成本的情况下，各步骤（除第一步骤）某期累计生产费用总额包括（　　）。
A．本步骤期初在产品成本　　B．本步骤完工半成品成本
C．本步骤发生的费用　　D．本步骤转入的半成品成本

5．在简化的分批法下，基本生产成本明细账登记的内容有（　　）。
A．直接计入成本的费用　　B．完工月份分配结转的直接计入费用
C．完工月份分配结转的间接计入费用　D．当月发生的生产工时

三、判断题（每题 1 分，共 10 分）

1．采用平行结转分步法时，除了第一生产步骤外，其他各生产步骤都不能全面地反映该生产步骤的生产耗费水平。（　　）

2．分批法是品种法的若干次连续应用。（　　）

3．采用简化分批法计算产品成本时，在没有完工产品的月份，各批产品成本明细账中只登记各项间接费用。（　　）

4．分项结转分步法适用于管理上不要求分别提供各步骤完工产品所耗半成品和本步

骤加工费用资料的企业。（　　　）

5. 不论什么组织方式的制造企业，不论什么生产类型的产品，也不论成本管理要求如何，最终都必须按照产品品种计算出产品成本。（　　　）

6. 采用分批法计算成本时，如果在一张订单中规定的产品不止一种，还要按照产品的品种划分批别组织生产，计算成本。（　　　）

7. 在小批、单件生产的企业或车间中，如果同一月份投产的产品批数很多，就可以采用简化分批法计算产品成本。（　　　）

8. 为了减少在完工产品与月末在产品之间分配费用的工作，提高成本计算的正确性和及时性，尽量使同一批的产品能够同时完工，避免跨月陆续完工的情况，产品的批量越小越好。（　　　）

9. 采用简化的分批法，必须设立基本生产成本二级账。（　　　）

10. 成本还原的对象是产成品成本。（　　　）

四、计算题（共 60 分）

1.（10 分）某企业本月生产产品的成本资料如表 2-1 所示。该企业采用逐步结转分步法中的综合结转法结转半成品成本。

表 2-1　本月生产产品的成本

单位：元

项目	半成品	原材料	人工费	制造费用	合计
还原前产成品成本	15 200		6 420	5 880	27 500
本月所产半成品成本		18 420	6 980	5 180	30 400

要求：将本月所产产成品成本进行成本还原（填表 2-2，并计算，写出计算过程）。

表 2-2　产品成本还原计算表

单位：元

项目	还原分配率	半成品	直接材料	直接人工	制造费用	成本合计
还原前产成品成本	—		—			
本月所产半成品成本	—	—				
成本还原						
还原后产成品成本	—	—				
产成品单位成本						

2.（10 分）某工业企业根据订货单位要求，按批别组织生产、归集生产费用，采用分批法计算产品成本，某年 4 月份有关成本资料如下：

（1）4 月份生产情况（表 2-3）。

表 2-3　4 月份生产情况

单位：元

批号	产品名称	投产情况		本月（4 月份）完工情况	备注
		投产月份	批量（台）		
#301	B	3	20	本月全部完工	3 月份完工 8 台，并已交库
#302	C	4	18	本月完工 10 台	

（2）3 月份月末在产品生产费用（表 2-4）。

表 2-4　3 月份月末在产品生产费用

单位：元

批号	产品名称	直接材料	直接人工	制造费用	合计
#301	B	2 275	1 140	1 025	4 440

（3）4 月份各批产品生产费用（表 2-5）。

表 2-5　4 月份各批产品生产费用

单位：元

批号	产品名称	直接材料	直接人工	制造费用	合计
#301	B	4 125	2 440	2 295	8 860
#302	C	5 875	2 740	2 285	10 900

（4）该企业跨月陆续完工的产品，按计划单位成本计算转出，有关产品的计划单位成本如表 2-6 所示。

表 2-6　有关产品的计划单位成本

单位：元

产品名称	直接材料	直接人工	制造费用	合计
B	350	290	260	1 100
C	470	210	170	850

要求：

（1）计算#301 批号（20 台）B 产品的总成本。

（2）计算#302 批号 C 产品的月末在产品成本。

3.（20 分）资料：某工业企业生产 A、B 两种产品，其制造费用按本期投入产品的生产工时比例分配，2007 年 7 月发生的有关业务如下：

（1）基本生产车间领用材料 6 900 元，其中生产产品耗用 4 800 元，车间耗用 2 100 元；

（2）基本生产车间领用低值易耗品一批，实际成本为 2 400 元，分两个月摊销；

（3）基本生产车间分配工资费用共计 28 600 元，其中生产工人工资 24 000 元，车间管理人员工资 4 600 元；

（4）按上述工资总额的 14%计提职工福利费；

（5）基本生产车间月初在用固定资产原值 400 000 元（预计使用年限均未满），本月新投入使用固定资产原值 50 000 元。按月折旧率 4%计提本月固定资产折旧额；

（6）本月基本生产车间应负担的办公费 331 元；

（7）本月产量和单位完工产品的工时情况如表 2-7 所示：

表 2-7 本月产量和单位完工产品的工时

产品名称	完工产品产量（台）	期末在产品数量（台）	完工产品工时定额（小时）
A	20	10	15
B	18	12	8

（8）月初 A 在产品 15 台，B 在产品 16 台；月初在产品制造费用 37 980 元，其中 A 产品为 25 656 元，B 产品 12 324 元；每月末 A 产品的完工率为 40%，B 产品的完工率为 50%；

（9）B 在产品制造费用的定额成本为每小时 140 元。

要求：

（1）计算本月生产车间应计提的折旧额。

（2）分别计算本月投入 A、B 产品耗用的工时。

（3）计算 A、B 两种产品本期各应负担的制造费用。

（4）按约当产量法计算 A 完工产品的制造费用。

（5）按定额成本法计算月末 B 在产品的制造费用。

4.（20分）甲企业A产品经过两道工序加工完成。A产品耗用的原材料在开始生产时一次投入。生产成本在完工产成品与期末在产品之间分配采用约当产量比例法。2007年8月A产品有关的资料如下：

（1）本月完工产品140件。月末在产品数量及完工程度为第一道工序50件，本工序在产品完工程度相当于完工产成品的50%；第二道工序60件，本工序在产品完工程度相当于完工产成品的75%。

（2）产品成本计算单有关资料如表2-8所示。

表2-8　产品成本计算单

成本项目	月初在产品成本（元）	本月生产成本（元）	生产成本合计（元）
直接材料	24 000	54 000	78 000
直接人工	18 000	33 000	51 000
制造费用	8 000	13 000	21 000
合计	50 000	100 000	150 000

要求：

（1）编制本月A产品各工序约当产量计算表（表2-9）（不需列出计算过程）。

（2）列式计算本月A产品完工产品和期末在产品分别应负担的直接材料、直接人工和制造费用。

（3）计算A产品的完工总成本及单位成本和期末在产品成本（计算结果保留小数点后两位）。

表2-9　各工序约当产量计算表

2007年8月

工序	月末在产品数量（件）	在产品完工程度	约当产量（件）
1			
2			
合计			

成本会计综合测试卷（一）

时间：90 分钟　　满分：150 分

一、单项选择题（每题 2 分，共 30 分）

1. 某企业成本采用平行结转分步法计算。A 产品经过三个步骤加工完成，半成品不入成品库，直接转入下个步骤加工。本月完工 A 产品 300 件（每件产成品耗用各步骤半成品为 1 件），月末，第一步骤在产品 20 件，第二步骤在产品 80 件，第三步骤在产品 100 件。若每个步骤在产品完工程度均为 50%，那么第一步骤月末“加工费用”成本项目的广义在产品约当产量为（　　）。

A. 10　　B. 20　　C. 490　　D. 190

2. 采用（　　）计算产品成本，必须设置基本生产成本二级账。

A. 品种法　　B. 简化分批法　　C. 平行结转分步法　　D. 定额法

3. 企业新产品试制通常采用的成本计算方法是（　　）。

A. 分步法　　B. 分类法　　C. 分批法　　D. 定额法

4. 采用综合结转分步法计算产品成本时，若有三个生产步骤，则需进行的成本还原次数是（　　）。

A. 一次　　B. 二次　　C. 三次　　D. 四次

5. 成本还原一般按本月所产半成品的（　　）进行。

A. 成本结构　　B. 成本内容　　C. 成本数量　　D. 成本性质

6. 对于品种法、分批法、分步法，其区别主要在于（　　）不同。

A. 成本核算的繁简程度　　B. 会计报告期的时期

C. 成本计算对象　　D. 完工产品成本的计价标准

7. 某工厂的材料消耗定额为 60 千克，经过两道工序产成。这两道工序的材料消耗定额分别为 24 千克和 36 千克，直接材料在每道工序开始时一次投入，其第二道工序的完工率是（　　）。

A. 40%　　B. 60%　　C. 70%　　D. 100%

8. 按经济内容分类，下列各项中，属于工业制造企业费用要素的是（　　）。

A. 直接人工　　B. 制造费用　　C. 直接材料　　D. 折旧费用

9. 下列各项中，不属于辅助生产费用分配方法的是（　　）。

A. 直接分配法　　B. 约当产量比例法

C. 按计划成本分配法　　D. 交互分配法

10. 某企业“生产成本”科目的期初余额为 10 万元，本期为生产产品发生直接材料费用 80 万元，直接人工费用 15 万元，制造费用 20 万元，企业行政管理费用 10 万元，本期结转完工产品成本为 100 万元。假定该企业只生产一种产品，期末“生产成本”科目的余额为（　　）万元。

A．5　　B．15　　C．25　　D．35

11．采用平行结转分步法，不论半成品是在各生产步骤之间直接结转还是通过半成品库收发，都（　　）。

A．不通过自制半成品科目进行总分类核算

B．通过自制半成品科目进行总分类核算

C．不通过产成品科目进行总分类科目核算

D．通过产成品科目进行总分类核算

12．在产品按定额成本计价法，每月生产费用脱离定额的差异（　　）。

A．全部计入当月完工产品成本　　B．全部计入当月在产品成本

C．当月在完工产品与月末在产品之间分配　　D．全部计入管理费用

13．品种法计算程序的第一步骤是（　　）。

A．归集和分配各种要素费用　　B．归集和分配辅助生产费用

C．开设生产成本明细账　　D．归集和分配制造费用

14．某企业生产的产品需要经过若干加工工序才能形成产品，且月末在产品数量变动较大，产品成本中原材料所占比重较小，该企业在完工产品和在产品之间分配生产费用时，宜采用（　　）。

A．不计算在产品成本的方法

B．在产品成本按年初数固定计算的方法

C．在生产成本上按其所耗用的原材料费用计算的方法

D．约当产量法

15．某产品本月完工 50 件，月末在产品 60 件，在产品平均完工程度为 50%，累计发生产品费用 100 000 元，采用约当产量比例法计算在产品成本时，本月完工产品的成本是（　　）元。

A．37 500　　B．45 455　　C．62 500　　D．54 545

二、多项选择题（每题 3 分，共 30 分）

1．在确定完工产品与月末在产品之间的费用分配时，应考虑的条件有（　　）。

A．各项费用比重的大小　　B．在产品数量的多少

C．定额管理基础的好坏　　D．各月在产品数量变化的程度

2．下列各种方法中，适用于生产成本在完工产品与在产品之间分配的有（　　）。

A．交互分配法　　B．在产品按固定成本计价法

C．约当产量法　　D．在产品按定额成本计价法

3．某公司生产产品的顺序分别为加工、装配、油漆三个车间，产品成本计算采用平

行结转分步法，按车间分别设置成本计算单。装配车间成本计算单中的“月末在产品成本”项目的“月末在产品”范围包括（　　）。

A．加工车间正在加工的在产品　　B．油漆车间正在加工的在产品
C．加工车间已经完工的半成品　　D．装配车间正在加工的在产品

4．采用平行结转分步法（　　）。
A．各步骤可以同时计算产品成本
B．不能提供半成品成本资料
C．费用结转与半成品实物转移脱节
D．不能全面反映各个生产步骤半成品的成本资料

5．下列情况需要计算在产品完工程度的是（　　）。
A．原材料在生产开始时一次投入
B．原材料分别在各工序开始时一次投入
C．原材料随着加工进度陆续投入，投入程度与加工进度一致
D．原材料随着加工进度陆续投入，投入程度与加工进度不一致
E．原材料在生产开始时全部投入

6．制造企业的产品生产，按其生产组织的特点，可分为（　　）。
A．大量生产　　B．成批生产　　C．单步骤生产
D．多步骤生产　　E．单件生产

7．品种法的特点是（　　）。
A．以产品的品种作为成本计算对象
B．成本计算按月定期进行
C．月末在产品成本需经过一定的分配方法可取得
D．是产品成本计算方法中最基本的方法
E．成本计算期与会计报告期通常不一致

8．在（　　）情况下要求对完工产品成本进行还原。
A．各步骤半成品按实际成本进行结转
B．各步骤半成品按计划成本进行结转
C．各步骤半成品成本结转采用综合结转法
D．管理上要求从企业角度考核和分析产品成本的构成和水平
E．要求提供原始成本项目反映的成本资料

9．简化分批法的适应范围和应用条件是（　　）。
A．同一月份投产的产品批数很多　　B．月末完工产品的批数较少
C．各月间接费用水平相差不多　　D．各月生产费用水平相差不多
E．各批产品的所耗生产工时差不多

10．采用分步法时，作为成本计算对象的生产步骤可以（　　）。
A．按生产车间设置　　B．按实际生产步骤设置

C．在一个车间内按不同生产步骤设置　D．将几个车间合并设置

E．按工作班组设置

三、判断题（每题 2 分，共 20 分）

1．在产品按定额成本计价法适用于定额管理基础较好、各项消耗定额或费用定额比较准确、稳定，而且各月在产品数量变动较大的产品。（　　）

2．所有制造费用的分配方法中，分配制造费用后，“制造费用”科目无余额。（　　）

3．废品损失是在生产过程中发现的和入库后发现的不可修复废品的生产成本，扣除回收的废品残料价值以后的损失。（　　）

4．分批法下，如果是单件生产，在月末结算成本时，不存在在完工产品与在产品之间分配费用的问题。（　　）

5．逐步结转分步法实际上就是品种法的多次连续应用。（　　）

6．不论是综合结转还是分项结转，半成品成本都是随着半成品实物的转移而转移的。（　　）

7．成本还原率只能小于或等于 1。（　　）

8．分次投料方式下，完工产品与期末在产品中所耗用的单位材料成本是相等的。（　　）

9．约当产量比例法适用于月末在产品数量较大，各月末在产品数量变化也较大，产品成本中原材料费用和工资等加工费用比重相差较大的产品。（　　）

10．在按年度计划分配率法分配制造费用时，全年实际发生的制造费用与计划分配额的差额，在年终时按已分配数的比例调整处理。（　　）

四、计算题（共 70 分）

1．（20 分）某厂有一个基本生产车间，生产甲、乙两种产品，还有一个辅助生产车间——机修车间，×年×月有关成本资料如下：

（1）材料费用分配表（表 1）。

表 1　材料费用分配

单位：元

甲产品领料	30 000
乙产品领料	20 000
车间领料	10 000
机修领料	1 000
合计	61 000

（2）工资及福利费分配表（表 2）。

表2　工资及福利费分配

单位：元

甲产品工人工资及福利费	22 800
乙产品工人工资及福利费	34 200
车间管理人员工资及福利费	11 400
机修车间人员工资及福利费	5 700
合计	74 100

（3）其他费用：基本车间折旧、办公费等　　25 000 元
　　　　　　　机修车间折旧、办公费等　　23 000 元
　　　　　　　合计　　　　　　　　　　　48 000 元

（4）产量资料：甲产品本月完工　　900 件，月末在产品 100 件
　　　　　　　乙产品本月完工　　600 件，月末在产品 200 件

在产品完工程度均为 50%，材料系一次投入。

（5）月初在产品成本已列入甲、乙各自成本明细账中。

（6）工时资料已列入“辅助生产费用分配表”（表 3）和“制造费用分配表”（表 4）中。

要求：完成下列各表，并按品种法计算出甲、乙产品总成本及单位成本（表 5～表 7）。

辅助生产明细账

料	
工	
费	
合计	

制造费用明细账

料	
工	
费	
辅	
合计	

表3　辅助生产费用分配表（直接分配表）

受益部门	修理工时（小时）	分配率	分配金额（元）
基本车间	600		
受益部门	400		
合计	1 000		

表4　制造费用分配表（保留小数点后四位）

产品名称	生产工时（小时）	分配率	分配金额（元）
甲产品	10 000		
乙产品	2 500		
合计	12 500		

表 5　甲产品成本明细账

一次投料　　完工：900 件　　未完工：100 件　　完工程度：50%　　金额单位：元

摘要	直接材料	直接人工	制造费用	合计
期初余额	11 160	1 440	1 700	14 300
本期发生额	30 000	22 800	51 376	104 176
合计				
约当产量				
单位成本				
完工产品总成本				
月末在产品成本				

表 6　乙产品成本明细账

一次投料　　完工：600 件　　未完工：200 件　　完工程度：50%　　金额单位：元

摘要	直接材料	直接人工	制造费用	合计
期初余额	5 000	2 800	1 156	8 956
本期发生额	20 000	34 200	12 844	67 044
合计				
约当产量				
单位成本				
完工产品总成本				
月末在产品成本				

表 7　完工产品成本汇总表

×年×月　　　　单位：元

产品成本项目	甲产品（900 件）		乙产品（600 件）	
	总成本	单位成本	总成本	单位成本
料				
工				
费				
合计				

2.（20 分）某企业有两个基本生产车间连续加工 A 产品，第一车间生产的 A 半成品转入半成品库，第二车间从半成品库中领用 A 半成品加工成 A 产成品。企业采用综合结转分步法计算成本。有关资料如下：

（1）本月各车间产量记录如表 8 所示。

表 8　本月各车间产量记录

	第一车间	第二车间
期初结存量	80	120
本月投入量	120	120
本月完工量	150	219
月末结存量	50	21

（2）各车间期初在产品成本如表 9 和表 12“成本计算单”所示，期初库存自制半成品如表 11 所示。

表 9　成本计算单

第一车间　　A 产品（半成品）　　完工数量：150 件　　单位：元

项目	原材料	燃料和动力	工资及福利费	制造费用	合计
月初产品成本	7 920	444	474	766	9 604
本月费用	11 880	1 664	1 770	2 872	18 186
合计	19 800	2 108	2 244	3 638	27 790
月末转出完工产品成本					
月末在产品成本					

（3）第一车间生产费用按定额比例法计算，有关单位产品定额资料如表 10 所示。

表 10　单位产品定额

	定额消耗量	定额工时
完工半成品	45	20
月末在产品	45	8

（4）第二车间生产费用按约当产量法分配，月末在产品完工程度为 50%。

表 11　自制半成品明细账

A 半成品　　金额单位：元

项目	收入			发出			结存		
	数量	单位成本	总成本	数量	单位成本	总成本	数量	单位成本	总成本
月初结存							75	152	11 400
收入									
发出									
合计									

表 12　成本计算单

第二车间　　A 产品（产成品）　　完工数量：219 件　　金额单位：元

项目	半成品	燃料和动力	工资及福利费	制造费用	合计
月初在产品成本	18 240	674	1 012	1 204	21 130
本月费用合计		1 253.8	1 879.7	2 238.5	
合计		192.8	2 891.7	3 442.5	
转出完工产品成本					
单位成本					
月末在产品成本					

表 13　成本还原计算表

项目	还原前成本	还原分配率	半成品成本还原	还原后成本
半成品				
原材料				
燃料和动力				
工资及福利费				
制造费用				
合计				

要求：

（1）完成表 9、表 12“成本计算单”的计算。

（2）登记“自制半成品明细账”（表 11），发出半成品成本按加权平均法计算。

（3）进行成本还原（表 13）。

3.（15 分）某企业生产 A 产品，本月完工产品产量 2 000 件，期末在产品数量 400 件，期初在产品成本为 3 560 元，本期发生费用 60 660 元，在产品单件定额工时为 50 小时，产品单件定额如表 14 所示：

表 14　产品单件定额

直接材料定额成本	定额（工时计划分配率）	
	直接人工	制造费用
21	0.065	0.013

要求：按定额成本法计算完工产品成本和期末在产品成本。

4.（15 分）某厂属单件小批企业，采用分批法计算产品成本，资料如表 15 所示。

（1）月初在产品成本资料。

表 15　月初在产品成本

金额单位：元

生产批次	批量	原材料	工时（小时）	工资及福利费	制造费用
201-A 产品	600	747 000	158 400	24 840	50 760
203-AA 产品	1 200	375 600	85 200	13 320	27 300

（2）本月发生费用：

① 本月发生工资及福利费 673 920 元。201 批 A 产品发生生产工人工时 271 200 小时，203 批 AA 产品发生生产工人工时 228 000 小时。

② 本月 201 批 A 产品耗用原材料 13 256 000 元。

③ 本月共发生制造费用 1 123 200 元。

要求：

（1）分配工资及福利费、制造费用（以工时为分配标准）。

（2）201-A 产品全部完工，计算完工产品成本。

（3）203-AA 产品本月尚未完工，计算月末在产品成本。

成本会计综合测试卷（二）

时间：90 分钟　　满分：150 分

一、单项选择题（每小题 2 分，共 30 分）

1．在企业未设置“燃料和动力”成本项目的情况下，生产车间发生的直接用于产品生产的动力费用，应借记的账户是（　　）。

A．管理费用　　B．基本生产成本

C．生产费用　　D．制造费用

2．辅助生产各种分配方法中，能分清内部经济责任，有利于实行厂内经济核算的是（　　）。

A．直接分配法　　B．交互分配法

C．代数分配法　　D．计划成本分配法

3．按完工产品和月末在产品数量比例分配计算完工产品和月末在产品成本，必须具备的条件是（　　）。

A．在产品已接近完工　　B．原材料在生产开始时一次投料

C．在产品原材料费用比重较大　　D．各项消耗定额比较准确、稳定

4．下列方法中需要进行成本还原的是（　　）。

A．平行结转法　　B．逐步结转法

C．综合结转法　　D．分项结转法

5．成本还原就是从最后一个步骤起，把各步骤所耗上一步骤半成品成本，按照（　　）逐步分解，还原算出按原始成本项目反映的产成品成本。

A．本月所耗半成品成本结构　　B．本月完工产品成本的结构

C．上一步骤所产该种半成品成本的结构　　D．上一步骤月末在产品成本的结构

6．从理论上讲，产品成本应是产品价值中的（　　）。

A．C　　B．V　　C．C＋V＋M　　D．C＋V

7．某产品由三个生产步骤完成，采用逐步结转分步法计算成本，本月第一步骤转入第二步骤的生产费用为 2 300 元，第二步骤转入第三步骤的生产费用为 4 100 元，本月第三步骤发生的费用为 2 500 元（不包括上一步骤转入的费用），第三步骤月初在产品费用为 800 元，月末在产品费用为 600 元，本月该种产品的产成品成本为（　　）元。

A．10 900　　B．6 800　　C．6 400　　D．2 700

8．对于成本计算的分批法，下列说法正确的有（　　）。

A．不存在完工产品与在产品之间的费用分配问题

B．成本计算期与会计报告期一致

C．适用于小批、单件、管理上不要求分步骤计算成本的多步骤生产

D．以上说法全正确

9．某企业产品经过两道工序，各工序的工时定额分别为30小时和40小时，则第二道工序的完工率为（　　）。

A．68%　　B．69%　　C．70%　　D．71%

10．分配加工费用时所采用的在产品完工率，是指产品（　　）与完工产品工时定额的比率。

A．所在工序的工时定额

B．前面各工序工时定额之和与所在工序工时定额之半的合计数

C．所在工序的累计工时定额

D．所在工序的工时定额之半

11．能够将劳动生产率和产品负担的费用水平联系起来，使分配结果比较合理的制造费用分配方法是（　　）。

A．生产工人工时比例分配法　　B．按年度计划分配率分配法

C．生产工人工资比例分配法　　D．机器工时比例分配法

12．辅助生产车间发生的制造费用（　　）。

A．必须通过“制造费用”总账账户核算

B．不必通过“制造费用”总账账户核算

C．根据具体情况可计入“制造费用”总账账户，也可直接计入“辅助生产成本”账户

D．首先计入“辅助生产成本”账户

13．采用辅助生产费用分配的交互分配法，对外分配的费用总额是（　　）。

A．交互分配前的费用

B．交互分配前的费用加上交互分配转入的费用

C．交互分配前的费用减去交互分配转出的费用

D．交互分配前的费用加上交互分配转入的费用，再减去交互分配转出的费用

14．正确计算产品成本，应做好的基础工作是（　　）。

A．正确确定财产物资的计价　　B．正确划分各种费用界限

C．确定成本计算对象　　D．建立和健全原始记录工作

15．为了保证按每个成本计算对象正确地归集应负担的费用，必须将应由本期产品负担的生产费用正确地在（　　）。

A．各种产品之间进行分配

B．完工产品和在产品之间进行分配

C．盈利产品与亏损产品之间进行分配

D．可比产品与不可比产品之间进行分配

二、多项选择题（每题 3 分，共 30 分）

1．成本计算分批法的特点是（　　）。

A．产品成本计算期与产品生产周期基本一致，成本计算不定期

B．月末不必进行在产品与完工产品之间的费用分配

C．比较适用于冶金、纺织、造纸行业

D．以成本计算品种法原则为基础

2．采用简化的分批法，在某批产品完工以前，成本计算单只需按月登记（　　）。

A．直接费用　B．间接费用　C．工时数

D．生产成本　E．制造费用

3．下列各项中，（　　）属于企业在产品确定生产成本在完工产品和在产品之间的分配方法时需要考虑的条件。

A．在产品数量的多少　B．定额管理基础的好坏

C．各项成本比重的大小　D．各月在产品数量变化的大小

4．采用在产品按原材料费用计价法分配生产费用时，应具备以下条件（　　）。

A．原材料费用在产品成本中占比较大　B．各月末在产品数量较大

C．各月末在产品数量变化较大　D．各月在产品数量比较稳定

5．约当产量比例法适用于分配（　　）。

A．直接材料　B．直接人工　C．制造费用　D．管理费用

6．下列哪些类型企业适合采用分批法计算产品成本？（　　）

A．根据购买订单生产的企业　B．承揽修理业务的企业

C．产品种类经常变动的小规模制造厂　D．石油加工企业

7．按年度计划分配率分配制造费用，“制造费用”账户月末（　　）。

A．可能有借方余额　B．一定没有余额

C．可能有贷方余额　D．可能无月末余额

8．辅助生产费用转出时，可以（　　）。

A．借记“制造费用”账户　B．借记“管理费用”账户

C．借记“在建工程”账户　D．借记“财务费用”账户

9．下列情况需要计算在产品投料程度的是（　　）。

A．原材料在生产开始时一次投入

B．原材料分别在各工序开始时一次投入

C．原材料随着加工进度陆续投入，投入程度与加工进度一致

D．原材料随着加工进度陆续投入，投入程度与加工进度不一致

10．用约当产量比例法，必须正确计算在产品的约当产量，而在产品约当产量计算正确与否取决于产品完工程度的测定，测定在产品完工程度的方法有（　　）。

A．按 50%平均计算各工序完工率　B．分工序分别计算完工率

C．按定额比例法计算　　　　D．按定额工时计算

E．按原材料消耗定额计算

三、判断题（每题 2 分，共 20 分）

1．区别不同产品成本计算方法的主要标志是产品成本计算对象的特点。（　　）

2．在采用分批法计算产品成本的情况下，其成本计算期与各批产品的生产周期一致，与会计报告期不一致。（　　）

3．产品成本计算的分步法由于按生产步骤归集生产费用，所以无论哪种分步法都要进行成本还原。（　　）

4．在产品成本的大小，一般与完工产品成本的大小无直接关系。（　　）

5．车间领用但月末尚未投入使用的原材料应作为期末在产品成本。（　　）

6．产品成本计算的基本方法和辅助方法都可以根据企业的生产特点单独使用。（　　）

7．采用分批法，批内产品跨月陆续完工的情况下，完工产品的成本不论批量大小，都只能按实际成本计算结转。（　　）

8．辅助生产费用最终要全部计入产品生产成本。（　　）

9．外购材料和直接材料是生产费用按照不同标准分类的结果，二者实质相同，但具体内容不同。（　　）

10．采用在产品按定额成本计算法，由于技术进步、劳动熟练程度提高而降低了当月消耗定额以后，反而会使完工产品成本相对地提高。（　　）

四、计算题（共 70 分）

1．（20 分）某工业企业生产甲产品，需经过三道工序连续加工而成，直接材料在生产开始时一次投入，采用约当产量比例法分配生产费用，有关资料如下：

（1）甲产品本月完工 100 件，在产品 380 件，第 1～3 道工序的工时定额及期末在产品结存数量资料如表 1 所示（各工序内平均完工程度按 50%计算）。

表 1

工序	工时定额（小时）	在产品结存数量（件）
1	20	100
2	30	200
3	50	80
合计	100	380

（2）甲产品的月初在产品成本和本月费用资料如表 2 所示（单位：元）。

表 2　甲产品的月初在产品成本和本月费用

单位：元

成本项目	直接材料	直接人工	制造费用	合计
月初在产品成本	10 200	2 496	3 240	15 936
本月费用	11 400	3 504	4 200	19 104
合计	21 600	6 000	7 440	35 040

要求：

（1）计算各工序的完工程度。

（2）计算各工序在产品的约当产量。

（3）采用约当产量比例法计算完工产品成本和月末在产品成本。

2.（20 分）某厂 A 产品分三个加工步骤加工制成，各步骤完工成本资料如表 3 所示。

表 3

单位：元

成本项目	半成品	直接材料	直接人工	制造费用	成本合计
第一步骤		6 000	3 000	4 500	13 500
第二步骤	12 825	2 000	3 900	6 600	25 325
第三步骤	20 260		15 000	21 000	56 260

要求：填列成本还原计算表（表 4、表 5），计算成本还原后的产品成本及成本构成。

表 4　第一次成本还原计算表

单位：元

项目	还原分配率	半成品	直接材料	直接人工	制造费用	合计
还原前产成品成本						
第二步骤半成品成本						
半成品费用还原						
还原后产成品成本						

表 5　第二次成本还原计算表

单位：元

项目	还原分配率	半成品	直接材料	直接人工	制造费用	合计
还原前产成品成本						
第一步骤半成品成本						
半成品费用还原						
还原后产成品成本						

3.（15 分）某工业企业生产甲、乙两种产品，生产组织属于小批生产，采用分批法计算成本。2012 年 4 月份和 5 月份的生产情况和生产费用资料如下：

（1）4 月份生产的产品批号有 401 批号甲产品 12 台，本月投产，完工 8 台，未完工 4 台；402 批号乙产品 10 台，本月投产，计划下月完工，月末提前完工 2 台。

（2）4 月份的成本资料如表 6 所示。

表 6　4 月份的成本

单位：元

批号	原材料	动力	工资及福利费	制造费用
401	6 720	1 392	4 704	2 592
402	9 200	1 900	8 100	5 200

401 批号甲产品完工数量较大，生产费用在完工产品与月末在产品之间分配采用约当产量比例法。在产品完工程度为 40%。原材料在生产开始时一次投入。

402 批号乙产品完工数量少，按计划成本结转，每台计划成本为原材料 900 元，动力费 180 元，工资及福利费 820 元，制造费用 530 元，合计 2 430 元。

（3）5 月份的成本资料如表 7 所示。

表 7　5 月份的成本

单位：元

批号	原材料	动力	工资及福利费	制造费用
401		400	1 200	560
402		100	300	220

要求：

（1）登记 4 月份和 5 月份各批产品成本明细账（表 8、表 9）。

（2）编制结转 4 月份和 5 月份完工产品成本的会计分录。

（3）计算 402 批号乙产品完工产品实际单位成本（单位：元）。

表 8　产品成本明细账

产品批号：401　　　　开工日期：4 月份

产品名称：甲产品　　批量：12 台　　完工日期：　　单位：元

月	日	摘要	原材料	动力	工资及福利费	制造费用	合计
4	30	本月生产费用					
4	30	分配率					
4	30	完工产品成本					
4	30	完工产品单位成本					
4	30	月末在产品成本					
5	30	本月生产成本					
5	30	完工产品成本					
5	30	完工产品单位成本					

表 9　产品成木明细账

产品批号：402　　　　开工日期：4 月份

产品名称：乙产品　　批量：10 台　　完工日期：　　单位：元

月	日	摘要	原材料	动力	工资及福利费	制造费用	合计
4	30	本月生产费用					
4	30	分配率					
4	30	完工产品成本					
4	30	完工产品单位成本					
4	30	月末在产品成本					
5	30	本月生产成本					
5	30	完工产品成本					
5	30	完工产品单位成本					

4.（15 分）某企业设有修理和运输两个辅助生产车间、部门。修理车间本月发生费用 19 000 元，提供修理劳务 20 000 小时，其中，为运输部门修理 1 000 小时，为基本生产车间修理 16 000 小时，为行政管理部门修理 3 000 小时。运输部门本月发生费用 20 000 元，提供运输 40 000 公里，其中，为修理车间提供的运输劳务 1 500 公里，为基本生产车间提供运输劳务 30 000 公里，为行政管理部门提供运输劳务 8 500 公里。

要求：采用交互分配法计算分配修理、运输费用，并编制会计分录（辅助生产车间不设置“制造费用”账户）。

测试卷参考答案

第1章　费用的核算　阶段测试卷

一、单项选择题

1. C	2. D	3. C	4. B	5. A
6. D	7. C	8. A	9. B	10. D

二、多项选择题

1. BD	2. AB	3. ABCDE	4. ABCD	5. AC

三、判断题

1. √	2. √	3. √	4. √	5. ×
6. ×	7. ×	8. ×	9. ×	10. √

四、计算题

1.（1）月末在产品原材料定额费用 = 6 000 + 36 000 – 37 200 = 4 800（元）

月末在产品定额工时 = 1 000 + 7 000 – 7 200 = 800（小时）

（2）原材料费用分配率 =（5 880 + 35 280）÷（37 200 + 4 800）= 0.98

完工产品原材料费用 = 37 200 × 0.98 = 36 456（元）

在产品原材料费用 = 4 800 × 0.98 = 4 704（元）

（3）工资及福利费分配率 =（3 300 + 23 100）÷（7 200 + 800）= 3.3

完工产品工资及福利费 = 7 200 × 3.3 = 23 760（元）

在产品制造费用 = 800 × 3.3 = 2 640（元）

（4）制造费用分配率 =（3 522 + 24 878）÷（7 200 + 800）= 3.55

完工产品制造费用 = 7 200 × 3.55 = 25 560（元）

在产品制造费用 = 800 × 3.55 = 2 840（元）

（5）完工产品总成本 = 36 456 + 23 760 + 25 560 = 85 776（元）

在产品成本 = 4 704 + 2 640 + 2 840 = 10 184（元）

借：库存商品——乙产品　　85 776

　贷：生产成本——基本生产成本——乙产品　　85 776

2.（1）原材料在每道工序开始时一次投料，则各道工序的完工率为：

第一道工序：100 ÷（100 + 60 + 40）= 50%
第二道工序:（100 + 60）÷（100 + 60 + 40）= 80%
第三道工序:（100 + 60 + 40）÷（100 + 60 + 40）= 100%
则各工序约当产量是：
第一道工序 = 150 × 50% = 75（件）
第二道工序 = 200 × 80% = 160（件）
第三道工序 = 250 × 100% = 250（件）

（2）原材料陆续投入，则各工序的完工率为：
第一道工序:（100 × 50%）÷（100 + 60 + 40）= 25%
第二道工序:（100 + 60 × 50%）÷（100 + 60 + 40）= 65%
第三道工序:（100 + 60 + 40 × 50%）÷（100 + 60 + 40）= 90%
则各工序约当产量是：
第一道工序 = 150 × 25% = 37.5（件）
第二道工序 = 200 × 65% = 130（件）
第三道工序 = 250 × 90% = 225（件）

3. 甲产品定额工时 = 1 000 × 2.5 = 2 500（小时）
乙产品定额工时 = 400 × 2.45 = 980（小时）
丙产品定额工时 = 450 × 1.6 = 720（小时）
工资费用分配率 = 14 700÷（2 500 + 980 + 720）= 3.5
甲产品工人工资 = 2 500 × 3.5 = 8 750（元）
乙产品生产工人工资 = 980 × 3.5 = 3 430（元）
丙产品生产工人工资 = 720 × 3.5 = 2 520（元）
会计分录：
借：生产成本——基本生产成本——甲产品　8 750
　　　　　　　　　　　　　　——乙产品　3 430
　　　　　　　　　　　　　　——丙产品　2 520
　贷：应付职工薪酬　　　　　　　　　　　14 700

4.

辅助生产成本分配表

辅助生产车间名称		运输	修理	合计
待分配成本（元）		22 500	240 000	262 500
对外分配劳务数量		4 500 公里	600 工时	
单位成本		5	400	
基本生产车间	耗用数量	2 550	320	
	分配金额	12 750	128 000	140 750
行政管理部门	耗用数量	1 950	280	
	分配金额	9 750	112 000	121 750
合计		22 500	240 000	262 500

（2）借：制造费用　　140 750
　　管理费用　　121 750
　贷：生产成本——辅助生产成本——运输　　22 500
　　——修理　　240 000

5.（1）供电车间电费的单位成本 = 18 620 ÷（56 200 − 3 000）= 0.35（元/度）
甲产品应负担的电费 = 20 000 × 0.35 = 7 000（元）
乙产品应负担的电费 = 25 000 × 0.35 = 8 750（元）
基本生产车间应负担的电费 = 5 000 × 0.35 = 1 750（元）
企业行政管理部门应负担的电费 = 3 200 × 0.35 = 1 120（元）
（2）制造费用分配率 =（600 + 2 300 + 350 + 1 750）÷（4 000 + 6 000）
= 0.5（元/小时）
甲产品应负担的制造费用 = 4 000 × 0.5 = 2 000（元）
乙产品应负担的制造费用 = 6 000 × 0.5 = 3 000（元）
（3）产品成本计算单

答题表 1-1　产品成本计算单

产品名称：甲产品　　2010 年 6 月　　金额单位：元

项　目	直接材料	直接人工	制造费用	合　计
月初在产品成本	3 000	1 500	800	5 300
本月生产费用	18 500	4 200	2 000	24 700
生产费用累计	21 500	5 700	2 800	30 000
完工产品成本	19 000	4 600	2 300	25 900
月末在产品成本	2 500	1 100	500	4 100

第 2 章　成本计算　阶段测试卷

一、单项选择题

1．A　2．B　3．B　4．A　5．C
6．C　7．C　8．B　9．D　10．B

二、多项选择题

1．AC　2．AB　3．CD　4．ABC　5．ACD

三、判断题

1．√　2．×　3．×　4．×　5．√

6. √　　7. ×　　8. ×　　9. √　　10. ×

四、计算题

1.

答题表 2-2　产品成本还原计算表

单位：元

项目	还原分配率	半成品	直接材料	直接人工	制造费用	成本合计
还原前产成品成本	—	15 200	—	6 420	5 880	27 500
本月所产半成品成本	—	—	18 240	6 980	5 180	30 400
成本还原	0.5	15 200	9 120	3 490	2 590	0
还原后产成品成本	—	—	9 120	9 910	8 470	27 500
产成品单位成本			91.2	99.1	84.7	275

2.（1）#301 批号（20 台）B 产品的总成本 $=4\,440+8\,860+8\times1\,100=22\,100$（元）

（2）#302 批号 C 产品的月末在产品成本 $=10\,900-10\times850=2\,400$（元）

3.（1）月折旧额 $=400\,000\times4\%=16\,000$（元）

（2）本月投入 A 产品耗用工时 $=20\times15+10\times15\times40\%-15\times40\%\times15=270$（小时）

本月投入 B 产品耗用工时 $=18\times8+12\times8\times50\%-16\times50\%\times8=128$（小时）

（3）本月发生的制造费用 $=2\,100+2\,400\div2+4\,600\times(1+14\%)+16\,000+331=24\,875$（元）

A 产品应负担的制造费用 $=24\,875\div(270+128)\times270=16\,875$（元）

B 产品应负担的制造费用 $=24\,875\div(270+128)\times128=8\,000$（元）

或 $=24\,875-16\,875=8\,000$（元）

（4）A 完工产品制造费用 $=(25\,656+16\,875)\div(20+10\times40\%)\times20=35\,442.5$（元）

（5）B 在产品制造费用 $=12\times50\%\times8\times140=6\,720$（元）

4.

答题表 2-9　各工序约当产量计算表

2007 年 8 月

工序	月末在产品数量（件）	在产品完工程度	约当产量（件）
1	50	50%	25（1 分）
2	60	75%	45（1 分）
合计	110	—	70（1 分）

（1）完工产品负担的直接材料费

=78 000÷（140+110）×140=43 680（元）

在产品负担的直接材料费 =78 000 −43 680=34 320（元）

（2）完工产品负担的直接人工费 =51 000÷（140+70）×140=34 000（元）

在产品负担的直接人工费=51 000 −34 000=17 000（元）

（3）完工产品负担的制造费用 =21 000÷（140+70）×140=14 000（元）

在产品负担的制造费用 =21 000− 14 000=7 000（元）

（4）本月完工产品成本 =43 680+34 000+14 000=91 680（元）

本月完工产品单位成本 =91 680÷140=654.86（元）

月末在产品成本 =34 320+17 000+7 000=58 320（元）

成本会计综合测试卷（一）

一、单项选择题

1．C　2．B　3．C　4．B　5．A

6．C　7．D　8．D　9．B　10．C

11．A　12．A　13．C　14．D　15．C

二、多项选择题

1．ABCD　2．BCD　3．CD　4．ABCD　5．BCD

6．ABE　7．ABCD　8．CDE　9．ABC　10．ABCD

三、判断题

1．×　2．×　3．×　4．√　5．√

6．√　7．×　8．×　9．×　10．√

四、计算题

1．

辅助生产明细账

料　1 000 工　5 700 费　23 000	
合计　29 700	

制造费用明细账

料　10 000 工　11 400 费　25 000 辅　17 820	
合计　64 220	

答题表 3　辅助生产费用分配表（直接分配表）

受益部门	修理工时（小时）	分配率	分配金额（元）
基本车间	600		17 820
受益部门	400		11 880
合计	1 000	29.7	29 700

辅助生产费用分配率 ＝29 700 ÷ 10 00＝29.7

答题表 4　制造费用分配表（保留小数点后四位）

产品名称	生产工时（小时）	分配率	分配金额（元）
甲产品	10 000		53 176
乙产品	2 500		12 844
合计	12 500	5.137 6	64 220

制造费用分配率 ＝64 220 ÷ 12 500＝5.137 6

答题表 5　甲产品成本明细账

一次投料　　完工：900 件　　未完工：100 件　　完工程度：50%　　单位：元

摘要	直接材料	直接人工	制造费用	合计
期初余额	11 160	1 440	1 700	14 300
本期发生额	30 000	22 800	51 376	104 176
合计	41 160	24 240	53 076	118 476
约当产量	1 000	950	950	—
单位成本	41.16	25.52	55.87	122.55
完工产品总成本	37 044	22 968	50 283	110 295
月末在产品成本	4 116	1 272	2 793	8 181

答题表 6　乙产品成本明细账

一次投料　　完工：600 件　　未完工：200 件　　完工程度：50%　　单位：元

摘要	直接材料	直接人工	制造费用	合计
期初余额	5 000	2 800	1 156	8 956
本期发生额	20 000	34 200	12 844	67 044
合计	25 000	37 000	14 000	76 000
约当产量	800	700	700	——
单位成本	31.25	52.86	20	104.11
完工产品总成本	18 750	31 716	12 000	62 466
月末在产品成本	6 250	5 284	2 000	13 534

答题表 7　完工产品成本汇总表

× 年 × 月　　　　单位：元

产品成本项目	甲产品（900 件）		乙产品（600 件）	
	总成本	单位成本	总成本	单位成本
料	37 044		18 750	
工	22 968		317 169	
费	50 283		12 000	
合计	110 295	122.55	62 400	104.11

2.（1）见答题表 9、答题表 12。

答题表 9　成本计算单

第一车间　　A 产品（半成品）　　完工数量：150 件　　单位：元

项目	原材料	燃料和动力	工资及福利费	制造费用	合计
月初产品成本	7 920	444	474	766	9 604
本月费用	11 880	1 664	1 770	2 872	18 186
合计	19 800	2 108	2 244	3 638	27 790
月末转出完工产品成本	14 850	1 860	1 980	3 210	21 900
月末在产品成本	4 950	248	264	428	5 890

（2）见答题表 11。

答题表 11　自制半成品明细账

A 半成品　　金额单位：元

项目	收入			发出			结存		
	数量（件）	单位成本	总成本	数量（件）	单位成本	总成本	数量（件）	单位成本	总成本
月初结存							75	152	11 400
收入	150	146	21 900				225	148	33 300
发出				120	148	17 760	105	148	15 540
合计	150	146	21 900	120	148	17 760	105	148	15 540

答题表 12　成本计算单

第二车间　　A 产品（产成品）　　完工数量：219 件　　单位：元

项目	半成品	燃料和动力	工资及福利费	制造费用	合计
月初在产品成本	18 240	674	1 012	1 204	21 130
本月费用合计	17 760	1 253.8	1 879.7	2 238.5	23 132
合计	36 000	1 927.8	2 891.7	3 442.5	44 262
转出完工产品成本	32 850	1 839.6	2 759.4	3 285	40 734
单位成本	150	8.4	12.6	15	186
月末在产品成本	3 150	88.2	132.3	157.5	3 528

（3）见答题表 13。

答题表 13　成本还原计算表

项目	还原前成本	还原分配率	半成品成本还原	还原后成本
半成品	32 850		–32 850	0
原材料			22 275	22 275
燃料和动力	1 839.6		2 790	4 929.6
工资及福利费	2 759.4		2 970	5 729.4
制造费用	3 285		4 815	8 100
合计	40 734	1.5	0	40 734

还原分配率 = 32 850 ÷ 21 900 = 1.5

3．期末在产品的直接材料成本 = 400 × 21 = 8 400（元）

期末在产品的直接人工成本 = 400 × 50 × 0.065 = 1 300（元）

期末在产品的制造费用成本 = 400 × 50 × 0.013 = 260（元）

期末在产品的总成本 = 8 400 + 1 300 + 260 = 9 960（元）

完工产品成本 = 3 560 + 60 600 – 9 960 = 54 200（元）

4．（1）分配费用

工资费用分配率 = 673 920 ÷（271 200 + 228 000）= 1.35

201-A 产品应分配的人工费用 = 271 200 × 1.35 = 366 120（元）

203-AA 产品应分配的人工费用 = 228 000 × 1.35 = 307 800（元）

制造费用分配率 = 1 123 200 ÷（271 200 + 228 000）= 2.25

201-A 产品应分配的制造费用 = 271 200 × 2.25 = 610 200（元）

203-AA 产品应分配的制造费用 = 228 000 × 2.25 = 513 000（元）

（2）201-A 产品的完工产品成本 =（747 000 + 24 840 + 50 760）+（13 256 000 + 366 120 + 610 200）= 15 054 920（元）

（3）203-AA 产品的在产品成本 =（375 600 + 13 320 + 27 300）+（307 800 + 513 000）= 1 237 020（元）

成本会计综合测试卷（二）

一、单项选择题

1．D　2．D　3．A　4．C　5．C

6．D　7．B　8．C　9．D　10．B

11．A　12．C　13．D　14．D　15．A

二、多项选择题

1．AD	2．AC	3．ABCD	4．ABC	5．ABC
6．ABC	7．ACD	8．ABC	9．BCD	10．AB

三、判断题

1．√	2．√	3．×	4．×	5．×
6．×	7．×	8．×	9．√	10．√

四、计算题

1．（1）计算各工序的完工程度

第一工序：$20 \times 50\% \div 100 \times 100\% = 10\%$

第二工序：（$20 + 30 \times 50\%$）$\div 100 \times 100\% = 35\%$

第三工序：（$20 + 30 + 50 \times 50\%$）$\div 100 \times 100\% = 75\%$

（2）计算各工序的在产品的约当产量

第一工序：$100 \times 10\% = 10$（件）

第二工序：$200 \times 35\% = 70$（件）

第三工序：$80 \times 75\% = 60$（件）

合计：$10 + 70 + 60 = 140$（件）

（3）采用约当产量比例法计算完工产品成本和月末在产品成本

直接材料费用分配率：21 600 ÷（100 + 380）= 45（元/件）

完工产品的材料费用：100 × 45 = 4 500（元）

在产品的材料费用：380 × 45 = 17 100（元）

直接人工费用分配率：6 000 ÷（100 + 140）= 25（元/件）

完工产品的人工费用：100 × 25 = 2 500（元）

在产品的人工费用：140 × 25 = 3 500（元）

制造费用分配率：7 440 ÷（100 + 140）= 31（元/件）

完工产品的制造费用：100 × 31 = 3 100（元）

在产品的制造费用：140 × 31 = 4 340（元）

完工产品成本 = 4 500 + 2 500 + 3 100 = 10 100（元）

期末在产品成本 = 17 100 + 3 500 + 4 340 = 24 940（元）

2.

答题表 4　第一次成本还原计算表

单位：元

项目	还原分配率	半成品	直接材料	直接人工	制造费用	合计
还原前产成品成本		20 260		15 000	21 000	56 260
第二步骤半成品成本		12 825	2 000	3 900	6 600	25 325
半成品费用还原	20 260 ÷ 25 325 = 0.8	−20 260 10 260	1 600	3 120	5 280	0
还原后产成品成本		10 260	1 600	18 120	26 280	56 260

答题表 5　第二次成本还原计算表

单位：元

项目	还原分配率	半成品	直接材料	直接人工	制造费用	合计
还原前产成品成本		10 260	1 600	18 120	26 280	56 260
第一步骤半成品成本			6 000	3 000	4 500	13 500
半成品费用还原	10 260 ÷ 13 500 = 0.76	−10 260	4 560	2 280	3 420	0
还原后产成品成本			6 160	20 240	29 700	56 260

3.（1）

答题表 8　产品成本明细账

产品批号：401　　　　　　　　　　开工日期：4 月份

产品名称：甲产品　　批量：12 台　　完工日期：　　　　单位：元

月	日	摘要	原材料	动力	工资及福利费	制造费用	合计
4	30	本月生产费用	6 720	1 392	4 704	2 592	15 408
4	30	分配率	560	145	490	270	1 465
4	30	完工产品成本	4 480	1 160	3 920	2 160	11 720
4	30	完工产品单位成本	560	145	490	270	1 465
4	30	月末在产品成本	2 240	232	784	432	3 688
5	30	本月生产成本		400	1 200	560	2 160
5	30	完工产品成本	2 240	632	1 984	992	5 848
5	30	完工产品单位成本	560	158	496	248	1 462

答题表9　产品成本明细账

产品批号：402　　　　　　　　　　　　　　　　开工日期：4月份

产品名称：乙产品　　　　批量：10台　　　　　完工日期：　　　　　单位：元

月	日	摘要	原材料	动力	工资及福利费	制造费用	合计
4	30	本月生产费用	9 200	1 900	8 100	5 200	24 400
4	30	完工产品成本	1 800	360	1 640	1 060	4 860
4	30	完工产品单位成本	900	180	820	530	2 430
4	30	月末在产品成本	7 400	1 540	6 460	4 140	19 540
5	30	本月生产成本		100	300	220	620
5	30	完工产品成本	7 400	1 640	6 760	4 360	20 160
5	30	完工产品单位成本	925	205	845	545	2 520

（2）4月份　借：库存商品——401批　11 720

——402批　4 860

贷：生产成本——401批　11 720

——402批　4 860

5月份　借：库存商品——401批　5 848

——402批　20 160

贷：生产成本——401批　5 848

——402批　20 160

（3）402批乙产品实际单位成本 =（4 860 + 20 160）÷ 10 = 2 502（元/台）

4.（1）交互分配前的分配率

修理：19 000 ÷ 20 000 = 0.95

运输：20 000 ÷ 40 000 = 0.5

（2）交互分配

运输应分配修理费用：1 000 × 0.95 = 950（元）

修理应分配运输费用：1 500 × 0.5 = 750（元）

（3）交互分配后的实际费用

修理：19 000 + 750 − 950 = 18 800（元）

运输：20 000 + 950 − 750 = 20 200（元）

（4）交互分配后的分配率

修理：18 800 ÷ 19 000 = 0.989 47

运输：20 200 ÷ 38 500 = 0.524 68

（5）对外分配

基本生产车间：修理费 = 16 000 × 0.989 47 = 15 831.52（元）

运输费 = 30 000 × 0.524 68 = 15 740.40（元）

行政管理部门：修理费 = 3 000 × 0.989 47 = 2 968.48（元）

运输费 = 8 500 × 0.524 68 = 4 459.60（元）

（6）会计分录

交互分配：借：生产成本——辅助生产成本——修理　750

——运输　950

贷：生产成本——辅助生产成本——运输　750

——修理　950

对外分配：借：制造费用——基本生产车间　31 571.92

管理费用　7 428.08

贷：生产成本——辅助生产成本——修理　18 800

——运输　20 200

巩固练习参考答案

第 1 章 费用的核算

1.1 概述

一、单项选择题

1．D	2．C	3．C	4．D	5．D	6．A
7．B	8．B	9．C	10．B	11．A	12．B
13．B	14．D				

二、多项选择题

1．ABCD	2．AC	3．BD	4．AB	5．ABCE
6．ABCDE	7．BCDE	8．ABCD	9．ABCD	10．BC

三、判断题

1．√	2．√	3．√	4．×	5．×
6．√	7．×	8．×	9．×	10．×

1.2 费用要素的分配和核算

一、单项选择题

1．A	2．B	3．B	4．D	5．A	6．B
7．D	8．A	9．D	10．B	11．B	

一、多项选择题

1．ABDE	2．ACE	3．ABCD	4．ACD	5．ABC	6．ABCD
7．ADE	8．ABCD	9．ABCD	10．CD	11．AB	12．AC

三、判断题

1．×	2．√	3．×	4．√	5．×	6．×
7．×	8．√	9．×	10．×	11．√	12．√

四、计算题

1．（1）甲产品材料定额消耗量 $=150\times4=600$（千克）

乙产品材料定额消耗量 $=80\times5=400$（千克）

（2）材料消耗量分配率 $=500\div(600+400)=0.5$

（3）甲产品应分配的材料数量 $=600\times0.5=300$（千克）

乙产品应分配的材料数量 $=400\times0.5=200$（千克）

（4）甲产品应分配的材料费用 $=300\times4=1\ 200$（元）

乙产品应分配的材料费用 $=200\times4=800$（元）

2.（1）各种产品材料定额费用

甲产品材料定额费用 $=200\times5\times12+200\times8\times14=34\ 400$（元）

乙产品材料定额费用 $=100\times7\times12+100\times9\times14=21\ 000$（元）

（2）材料费用分配率 $=66\ 480\div(34\ 400+21\ 000)=1.2$

（3）各种产品应分配的材料费用

甲产品应分配的材料费用 $=34\ 400\times1.2=41\ 280$（元）

乙产品应分配的材料费用 $=21\ 000\times1.2=25\ 200$（元）

3.

答题表 1-2-2　A 材料费用分配表

产品名称	产品产量（件）	单位消耗定额（千克）	定额消耗总量（件）	分配率	应分配材料费用（元）
甲产品	2 000	3	6 000		157 500
乙产品	1 600	2.5	4 000		105 000
丙产品	1 200	5	6 000		157 500
合计	—	—	16 000	26.25	420 000

4.

答题表 1-2-3　材料费用分配表

产品名称	产量（件）	单位产品定额成本			定额成本总额（元）	分配率	分配金额（元）
		单位消耗定额（千克）	计划单价（元/千克）	单位定额成本（元/件）			
A 产品	200	5	8	40	8 000		7 840
B 产品	100	15	8	120	12 000		11 760
合计	—	—	—	—	20 000	0.98	19 600

5.（1）

答题表 1-2-4　外购电费分配表

产品名称	实际工时（小时）	分配率	分配金额（元）
甲产品	8 000		16 000
乙产品	4 000		8 000
丙产品	3 000		6 000
合计	15 000	2	30 000

（2）会计分录如下：

借：生产成本——基本生产成本（甲产品）16 000

——基本生产成本（乙产品） 8 000

——基本生产成本（丙产品） 6 000

制造费用——基本生产车间 2 000

管理费用 4 000

贷：应付账款 36 000

6.（1）工资总额 =70 530（元）

（2）应计提的福利费金额 =9 874.2（元）

1.3 辅助生产费用的核算

一、单项选择题

1．B　2．C　3．C　4．D　5．B

6．A　7．B　8．A　9．A　10．B

二、多项选择题

1．ABD　2．ABC　3．ABCD　4．AD　5．BCD　6．AB

三、判断题

1．×　2．×　3．√　4．√　5．√

6．√　7．×　8．√　9．√　10．×

四、计算题

1．

答题表 1-3-7　辅助生产费用分配表（交互分配法）

2012 年 9 月

项　目				交互分配			对外分配		
辅助生产车间名称				运输	机修	合计	运输	机修	合计
待分配费用				4 800	9 400	14 200	6 380	7 820	14 200
供应劳务数量				16 000	23 500		15 000	18 800	
费用分配率（单位成本）				0.3	0.4		0.425 33	0.415 96	
辅助生产车间耗用	应借“生产成本”账户	运输车间	耗用数量		4 700				
			分配金额		1 880				
		机修车间	耗用数量	1 000					
			分配金额	300					
	分配金额小计			300	1 880	2 180			
基本生产车间耗用	一车间		耗用数量				6 000	9 200	
			分配金额				2 551.98	38 268.3	6 378.81

续表

项目			交互分配			对外分配		
基本生产车间耗用	二车间	耗用数量				5 000	6 800	
		分配金额				2 126.65	2 828.53	4 955.18
	分配金额小计					4 678.63	6 655.36	11 333.99
企业管理部门耗用	应借“管理费用”账户	耗用数量				4 000	2 800	
		分配金额				1 701.37	1 164.64	2 866.01
分配金额合计						6 380	7 820	14 200

对外分配的费用为：

运输车间　4 800 + 1 880 – 300 = 6 380（元）

机修车间　9 400 + 300 – 1 880 = 7 820（元）

会计分录：

（1）交互分配时：

借：生产成本——辅助生产成本（运输）　　1 880

　　　　　　——辅助生产成本（机修）　　300

　贷：生产成本——辅助生产成本（运输）　　300

　　　　　　　——辅助生产成本（机修）　　1 880

（2）对外分配时：

借：制造费用——一车间　　6 378.81

　　　　　　——二车间　　4 955.18

　　管理费用　　2 866.01

　贷：生产成本——辅助生产成本（运输）　　6 380

　　　　　　　——辅助生产成本（机修）　　7 820

2.（1）采用直接分配法分配辅助生产费用

电费分配率 ＝39 600 ÷（66 000 – 6 000）＝0.66（元/度）

机修费用分配率 ＝182 000 ÷（28 000 – 2 000）＝7（元/时）

答题表 1-3-8　辅助生产费用分配表（直接分配法）

2012 年 7 月

项目		供电车间			机修车间			合计
		供电量（度）	分配率	费用额（元）	机修工时（小时）	分配率	费用额（元）	
待分配费用		60 000	0.66	39 600	26 000	7	182 000	221 600
基本生产车间	甲产品	25 000		16 500				16 500
	乙产品	27 000		17 820				17 820

续表

项目		供电车间			机修车间			合计
		供电量（度）	分配率	费用额（元）	机修工时（小时）	分配率	费用额（元）	
基本生产车间	一般用	5 000		3 300	23 000		161 000	164 300
行政管理部门		3 000		1 980	3 000		21 000	22 980
分配金额合计				39 600			182 000	221 600

（2）编制分配辅助生产费用分录

借：生产成本——基本生产成本（甲产品）　16 500

——基本生产成本（乙产品）　17 820

制造费用　164 300

管理费用　22 980

贷：生产成本——辅助生产成本（供电）　39 600

——辅助生产成本（机修）　182 000

3.（1）计算折旧分配率

运输车间费用分配率 = 9 600 ÷（32 000 − 2 000）= 0.32

机修车间费用分配率 = 18 000 ÷（37 600 − 1 600）= 0.5

（2）分配辅助生产费用

产品耗用应承担的运输费用 = 12 000 × 0.32 = 3 840（元）

基本生产车间承担的运输费用 = 10 000 × 0.32 = 3 200（元）

管理部门应承担的运输费用 = 8 000 × 0.32 = 2 560（元）

产品应负担的机修费用 − 12 000 × 0.5 − 6 000（元）

基本生产车间承担的机修费用 = 11 000 × 0.5 = 5 500（元）

管理部门应承担的机修费用 = 13 000 × 0.5 = 6 500（元）

4.（1）车间交互前分配率 = 8 800 ÷ 2 200 = 0.4

动力车间交互前分配率 = 3 000 ÷ 500 = 6

供电车间转出费用 = 2 000 × 0.4 = 800（元）

动力车间转出费用 = 100 × 6 = 600（元）

供电车间交互分配后费用 = 8 800 − 800 + 600 = 8 600（元）

动力车间交互分配后费用 = 3 000 + 800 − 600 = 3 200（元）

（2）供电车间交互分配后分配率 = 8 600 ÷（22 000 − 2 000）= 0.43

其中：基本生产车间分配的供电费用额 = 0.43 × 14 000 = 6 020（元）

一般耗费 = 0.43 × 6 000 = 2 580（元）

动力车间交互分配后分配率 = 3 200 ÷（500 − 100）= 8

其中：基本生产车间分配的动力费用额 = 300 × 8 = 2 400（元）

一般耗用 ＝100×8＝800（元）

1.4 制造费用的核算

一、单项选择题

1．D　2．A　3．D　4．A　5．A

6．D　7．A　8．B　9．C　10．A

二、多项选择题

1．ACD　2．ABC　3．AC　4．ACD　5．ABCD　6．ABD

三、判断题

1．×　2．×　3．×　4．√　5．×

6．×　7．√　8．×　9．√　10．√

四、计算题

1．（1）制造费用分配率 ＝56 000÷（20 000＋14 000＋30 000）＝0.875（元/小时）

（2）甲产品应分配的制造费用 ＝20 000×0.875＝17 500（元）

乙产品应分配的制造费用 ＝14 000×0.875＝12 250（元）

丙产品应分配的制造费用 ＝30 000×0.875＝26 250（元）

制造费用分配表

2012 年 5 月　　单位：元

应借科目			费用项目	生产工时	分配率	分配额
生产成本	基本生产成本	甲产品	制造费用	20 000		17 500
		乙产品	制造费用	14 000		12 250
		丙产品	制造费用	30 000		26 250
合计				64 000	0.875	56 000

（3）会计分录

借：生产成本——基本生产成本（甲产品）　17 500

——基本生产成本（乙产品）　12 250

——基本生产成本（丙产品）　26 250

贷：制造费用　56 000

2．（1）借：制造费用　2 400

贷：银行存款　2 400

（2）借：制造费用　3 000

贷：应付职工薪酬——工资　3 000

（3）借：制造费用　420

贷：应付职工薪酬——职工福利　420

（4）借：制造费用　2 000

贷：原材料　　　　　　2 000

（5）借：制造费用　　　　　1 800

贷：累计折旧　　　　　1 800

（6）借：制造费用　　　　　800

贷：应付账款　　　　　800

（7）借：制造费用　　　　　600

贷：预付账款　　　　　600

（8）借：制造费用　　　　　1 400

贷：生产成本——辅助生产成本 1 400

（9）借：制造费用　　　　　1 880

贷：银行存款　　　　　1 880

归集本月制造费用合计 = 2 400 + 3 000 + 420 + 2 000 + 1 800 + 800 + 600 + 1 400 + 1 880 = 14 300（元）

制造费用分配率 = 14 300 ÷（5 000 + 10 000 + 10 000）= 0.572

甲产品应分配的制造费用 = 5 000 × 0.572 = 2 860（元）

乙产品应分配的制造费用 = 10 000 × 0.572 = 5 720（元）

丙产品应分配的制造费用 = 10 000 × 0.572 = 5 720（元）

借：生产成本——基本生产成本——甲产品　　2 860

——乙产品　　5 720

——丙产品　　5 720

贷：制造费用　　　　　　14 300

1.5　生产费用在完工产品与期末在产品之间分配的核算

一、单项选择题

1. C	2. B	3. B	4. A	5. D
6. A	7. B	8. C	9. A	10. B
11. C	12. A	13. D	14. A	15. A
16. A	17. D	18. A		

二、多项选择题

1. ABCE	2. AC	3. BCDE	4. ABCD	5. ABCE
6. ABC	7. AC	8. ABD	9. ABDE	10. BC

三、判断题

1. √	2. √	3. √	4. √	5. √
6. ×	7. √	8. ×	9. ×	10. ×
11. ×	12. √	13. ×	14. ×	15. ×

四、计算题

1.（1）计算各工序月末在产品的投料程度

第一工序月末在产品的投料程度 ＝200 × 50% ÷ 500 × 100% = 20%

第二工序月末在产品的投料程度 ＝（200 + 200 × 50%）÷ 500 × 100% = 60%

第三工序月末在产品的投料程度 ＝（200 + 200 + 100 × 50%）÷ 500 × 100% = 90%

（2）分配直接材料费用

月末在产品约当产量 ＝400 × 20% + 200 × 60% + 100 × 90% = 290（件）

直接材料费用分配率 ＝（5 000 + 40 000）÷（610 + 290）= 50（元/件）

本月完工产品直接材料成本 ＝610 × 50 = 30 500（元）

月末在产品直接材料成本 ＝290 × 50 = 14 500（元）

2.（1）直接材料费用的分配

直接材料费用分配率 ＝25 200 ÷（400 + 100 × 100%）= 50.4（元/件）

本月完工产品应负担直接材料成本 ＝400 × 50.4 = 20 160（元）

月末在产品应负担直接材料成本 ＝100 × 50.4 = 5 040（元）

（2）直接人工费用的分配

直接人工费用分配率 ＝9 000 ÷（400 + 100 × 50%）= 20（元/件）

本月完工产品应负担直接人工费用 ＝400 × 20 = 8 000（元）

月末在产品应负担直接人工费用 ＝50 × 20 = 1 000（元）

（3）制造费用的分配

制造费用分配率 ＝10 800 ÷（400 + 100 × 50%）= 24（元/件）

本月完工产品应负担制造费用 ＝400 × 24 = 9 600（元）

月末在产品应负担制造费用 ＝50 × 24 = 1 200（元）

（4）计算完工产品总成本和单位成本

本月完工产品总成本 ＝20 160 + 8 000 + 9 600 = 37 760（元）

完工产品单位成本 ＝37 760 ÷ 400 = 94.4（元/件）

月末在产品成本 ＝5 040 + 1 000 + 1 200 = 7 240（元）

3.（1）分配材料费用

完工产品材料定额费用 ＝5 000 × 300 = 1 500 000（元）

月末在产品材料定额费用 ＝400 × 250 = 100 000（元）

原材料费用分配率 ＝（300 000 + 1 940 000）÷（1 500 000 + 1 00 000）= 1.4

完工产品应分配的材料费用 ＝1 500 000 × 1.4 = 2 100 000（元）

在产品应分配的材料费用 ＝100 000 × 1.4 = 140 000（元）

（2）分配人工费用

完工产品定额工时 ＝5 000 × 38 = 190 000（小时）

月末在产品定额工时 ＝400 × 25 = 10 000（小时）

人工费用分配率 =（25 000 + 250 000）÷（190 000 + 10 000）= 1.375

完工产品应分配的人工费用 = 190 000 × 1.375 = 261 250（元）

在产品应分配的人工费用 = 10 000 × 1.375 = 13 750（元）

（3）分配制造费用

制造费用分配率 =（15 000 + 150 000）÷（190 000 + 10 000）= 0.825

完工产品应分配的制造费用 = 190 000 × 0.825 = 156 750（元）

在产品应分配的制造费用 = 10 000 × 0.825 = 8 250（元）

（4）完工产品总成本 = 2 100 000 + 261 250 + 156 750 = 2 518 000（元）

期末在产品总成本 = 140 000 + 13 750 + 8 250 = 162 000（元）

4.（1）计算期末在产品定额成本

期末在产品直接材料成本 = 100 × 200 = 20 000（元）

期末在产品直接人工成本 = 100 × 40 × 5 = 20 000（元）

期末在产品制造费用 = 100 × 40 × 2 = 8 000（元）

期末在产品总成本 = 20 000 + 20 000 + 8 000 = 48 000（元）

（2）完工产品成本 = 2 600 + 450 000 − 4 800 = 428 000（元）

5.（1）计算各工序在产品完工率

第一道工序：4 × 50% ÷ 20 × 100% = 10%

第二道工序：（4 + 8 × 50%）÷ 20 × 100% = 40%

第三道工序：（4 + 8 + 8 × 50%）÷ 20 × 100% = 80%

（2）计算月末在产品的约当产量

第一道工序：20 × 10% = 2（件）

第二道工序：40 × 40% = 16（件）

第三道工序：60 × 80% = 48（件）

合计 66 件

（3）分配各项成本费用

原材料费用分配率 = 160 000 ÷（200 + 120）= 500

完工产品负担的原材料费用 = 200 × 500 = 100 000（元）

在产品负担的原材料费用 = 120 × 500 = 60 000（元）

工资及福利费分配率 = 79 800 ÷（200 + 66）= 300

完工产品负担的工资及福利费 = 200 × 300 = 60 000（元）

在产品负担的工资及福利费 = 66 × 300 = 19 800（元）

制造费用分配率 = 85 120 ÷（200 + 66）= 320

完工产品负担的制造费用 = 200 × 320 = 64 000（元）

在产品负担的制造费用 = 66 × 320 = 21 120（元）

完工产品总成本 = 100 000 + 60 000 + 64 000 = 224 000（元）

在产品总成本 = 60 000 + 19 800 + 21 120 = 100 920（元）

6.（1）直接材料分配率 $=34\,650\div(500\times45+200\times45)=1.1$

完工产品应负担直接材料费用 $=500\times45\times1.1=24\,750$（元）

在产品应负担直接材料费用 $=200\times45\times1.1=9\,900$（元）

（2）加工费用分配率 $=36\,000\div[500\times30+80\times12\times50\%+120\times(12+18\times50\%)]=2$

完工产品负担的加工费用 $=30\,000$（元）

在产品应负担的加工费用 $=6\,000$（元）

（3）本月完工产品成本 $=54\,750$（元）

月末在产品成本 $=15\,900$（元）

7.（1）第一道工序月末在产品材料定额费用 $=100\times30\times1.2=3\,600$（元）

第二道工序月末在产品材料定额费用 $=200\times30\times1.2=7\,200$（元）

完工产品应负担的材料费用 $=26\,500-3\,600-7\,200=15\,700$（元）

（2）第一道工序月末在产品人工定额成本 $=100\times3\times50\%\times2=300$（元）

第二道工序月末在产品人工定额成本 $=200\times(3+5\times50\%)\times2=2\,200$（元）

完工产品应负担的人工费用 $=9\,480-300-2\,200=6\,980$（元）

（3）第一道工序月末在产品制造费用定额成本 $=100\times3\times50\%\times2.5=375$（元）

第二道工序月末在产品制造费用定额成本 $=200\times(3+5\times50\%)\times2.5=2\,750$（元）

完工产品应负担的制造费用 $=11\,875-375-2\,750=8\,750$（元）

（4）完工产品总成本 $=15\,700+6\,980+8\,750=31\,430$（元）

月末在产品总成本 $=(3\,600+7\,200)+(300+2\,200)+(375+2\,750)=16\,425$（元）

8.（1）按投料程度计算在产品的约当产量

$150\times16\div(16+24+40)+240\times(16+24)\div(16+24+40)$
$+250\times(16+24+40)\div(16+24+40)=30+120+250=400$（件）

按加工进度计算在产品的约当产量

$150\times20\times50\%\div(20+40+40)+240\times(20+40\times50\%)\div(20+40+40)$
$+250\times(20+40+40\times50\%)\div(20+40+40)=15+96+200=311$（件）

（2）直接材料费用分配率 $=38\,070\div(140+400)=70.5$

完工产品的材料费用 $=140\times70.5=9\,870$（元）

在产品的材料费用 $=400\times70.5=28\,200$（元）

（3）直接人工费用分配率 $=17\,138\div(140+311)=38$

完工产品的人工费用 $=140\times38=5\,320$（元）

在产品的人工费用 $=311\times38=11\,818$（元）

（4）制造费用分配率 $=10\,373\div(140+311)=23$

完工产品的制造费用 $=140\times23=3\,220$（元）

在产品的制造费用 $=311\times23=7\,153$（元）

（5）完工产品成本 =9 870 + 5 320 + 3 220 = 18 410（元）

月末在产品成本 =28 200 + 11 818 + 7 153 = 47 171（元）

第2章 成本计算

2.1 品种法

一、单项选择题

1．A 2．D 3．B 4．B 5．A

6．A 7．A 8．D 9．A 10．D

11．D 12．A

二、多项选择题

1．ABC 2．ACD 3．AD 4．AC 5．BC

6．BD 7．ABCD 8．ABC 9．ACD 10．AC

三、判断题

1．× 2．× 3．√ 4．√ 5．×

6．× 7．× 8．× 9．× 10．√

四、计算题

1．

答题表 2-1-6 生产费用分配计算表

产品名称	材料			实用工时（小时）	分配率	工资分配金额（元）	分配率	制造费用分配金额（元）
	耗用量（千克）	分配率	分配额（元）					
甲	60 000			120 000				
乙	20 000			80 000				
合计	80 000	1.5	120 000	200 000	0.3	60 000	0.15	30 000

答题表 2-1-7 生产成本明细账

产品名称：甲产品　　完工数量：2 000 件

月末在产品数量：400 件　　在产品完工程度：50%　　单位：元

项 目	直接材料	直接人工	制造费用	合 计
月初在产品成本	6 000	1 400	1 800	9 200
本月生产费用	90 000	36 000	18 000	144 000
合计	96 000	37 400	19 800	153 200
约当产量	2 400	2 200	2 200	
单位成本	40	17	9	66
完工产品成本	80 000	34 000	18 000	132 000
月末在产品成本	16 000	3 400	1 800	21 200

注：材料系一次投入

答题表 2-1-8　生产成本明细账

产品名称：乙产品　　　　　　　　　　　　完工数量：1 500 件

月末在产品数量：300 件　　　　　　　　　在产品完工程度：50%　　　　单位：元

项　目	直接材料	直接人工	制造费用	合　计
月初在产品成本	4 000	1 100	1 700	6 800
本月生产费用	30 000	24 000	12 000	66 000
合计	34 000	25 100	13 700	72 800
约当产量	1 650	1 650	1 650	
单位成本	20.61	15.21	8.3	44.12
完工产品成本	30 915	11 815	12 450	66 180
月末在产品成本	3 085	2 285	10 250	6 620

注：材料系逐步投入

2.

答题表 2-1-9　生产费用分配表　　　　金额单位：元

产品名称	共同耗用材料			生产工时（小时）	分配率	工资费用	分配率	制造费用
	定额耗用量（千克）	分配率	分配费用					
甲	40 000		52 000	86 000		43 000		17 200
乙	15 000		19 500	34 000		17 000		6 800
合计	55 000	1.3	71 500	120 000	0.5	60 000	0.2	24 000

答题表 2-1-10　产品成本计算单

产品名称：甲产品　　　　　　　　　　　　完工数量：160 件

月末在产品数量：400 件　　　2009 年 3 日　　　在产品完工程度：50%　　单位：元

项　目	直接材料	直接人工	制造费用	合　计
月初在产品成本	6 000	2 000	2 600	10 600
本月生产费用	52 000	43 000	17 200	112 200
生产费用累计	58 000	45 000	19 800	122 800
约当产量	2 000	1 800	1 800	
单位成本	29	25	11	65
完工产品成本	46 400	40 000	17 600	104 000
月末在产品成本	11 600	5 000	2 200	18 800

2.2　分批法

一、单项选择题

1. A　　2. C　　3. A　　4. C　　5. D

6. B　　7. D　　8. C　　9. C　　10. A

二、多项选择题

1．ABD　2．ABD　3．ABD　4．ABC　5．CDE

6．AC　7．ABCE　8．BDE　9．ABCD　10．ABCD

三、判断题

1．×　2．×　3．√　4．√　5．√

6．√　7．√　8．×　9．×　10．√

四、计算题

1．

答题表 2-2-13　A 产品成本明细账

产品批号：1 014

产品名称：A 产品　投产日期：11 月

批量：10 台　完工：6 台　完工日期：12 月　单位：元

2005 年		摘要	原材料	工资及福利费	制造费用	合计
月	日					
12	31	累计生产费用	3 360	2 350	3 000	8 710
12	31	完工产品成本	2 016	1 762.5	2 250	6 028.5
12	31	完工产品单位成本	336	293.75	375	1 004.75
12	31	月末在产品成本	1 344	587.5	750	2 681.5
12	31	转出完工产品成本	2 016	1 762.5	2 250	6 028.5

答题表 2-2-14　B 产品成本明细账

产品批号：1 015

产品名称：B 产品　投产日期：12 月

批量：10 台　完工：2 台　完工日期：12 月　单位：元

2005 年		摘要	原材料	工资及福利费	制造费用	合计
月	日					
12	31	本月生产费用	4 800	3 550	1 500	9 850
12	31	单位产品计划成本	450	320	220	990
12	31	完工产品计划成本	900	640	440	1 980
12	31	月末在产品成本	3 900	2 910	1 060	7 870
12	31	转出完工产品计划成本	900	640	440	1 980

2．（1）8 月份完工 80 件产品的总成本 $= 520\ 000 + 150\ 000 + 80\ 000 - 2 \times 7\ 200 = 606\ 000$（元）

（2）该批产品总成本 $= 520\ 000 + 150\ 000 + 80\ 000 = 750\ 000$（元）

（3）该批产品的单位成本 $= 7\ 500$（元）

3.

答题表 2-2-16　生产成本二级账

金额单位：元

2012年		摘要	直接材料	工时（小时）	直接人工	制造费用	合计
月	日						
3	31	累计在产品成本	58 160	400	1 880	2 160	62 200
4	30	本月生产费用	62 880	600	3 120	3 840	69 840
4	30	生产费用累计	121 040	1 000	5 000	6 000	132 040
4	30	累计间接费用分配率			5	6	
4	30	本月转出完工产品成本	47 200	520	2 600	3 120	52 920
4	30	月末在产品成本	73 840	480	2 400	2 880	79 120

直接人工分配率 ＝5 000÷1 000＝5（元/工时）

制造费用分配率 ＝6 000÷1 000＝6（元/工时）

答题表 2-2-17　产品成本明细账

批号：301　　投产日期：2012 年 2 月 20 日

产品名称：甲产品　　完工日期：2012 年 4 月 18 日

产量：10 台　　金额单位：元

2012年		摘要	直接材料	工时（小时）	直接人工	制造费用	合计
月	日						
2	28	本月生产费用	27 040	80			
3	31	本月发生生产费用	17 520	240			
4	30	本月生产费用	2 640	200			
4	30	累计间接费用及分配率	47 200	520	5	6	
4	30	完工产品应负担的费用	47 200	520	2 600	3 120	52 920
4	30	本月完工产品单位成本	4 720		260	312	5 292

答题表 2-2-18　生产成本明细账

批号：302　　投产日期：2012 年 3 月 13 日

产品名称：乙产品　　完工日期：

产量：5 台　　金额单位：元

2012年		摘要	直接材料	工时（小时）	直接人工	制造费用	合计
月	日						
3	31	累计发生	13 600	80			
4	30	本月发生生产费用	10 240	220			
4	30	月末累计发生数	23 840	300			

答题表 2-2-19　生产成本明细账

批号：303　　投产日期：2012 年 4 月 15 日

产品名称：丙产品　　完工日期：

产量：4 台　　金额单位：元

2012 年		摘要	直接材料	工时（小时）	直接人工	制造费用	合计
月	日						
4	30	本月发生生产费用	50 000	180			
4	30	月末累计发生数	50 000	180			

2.3　分步法

一、单项选择题

1．A　2．B　3．C　4．D　5．A
6．D　7．A　8．B　9．C　10．D
11．D　12．C

二、多项选择题

1．AD　2．ABCD　3．ACD　4．BD　5．CD
6．ACD　7．ABD　8．BCE　9．DE　10．ABCDE

三、判断题

1．×　2．√　3．×　4．√　5．×
6．√　7．×　8．√　9．√　10．√

四、计算题

1．

（1）

答题表 2-3-13　产品成本明细账

第一车间：半成品 A　　单位：元

项目	原材料	工资及福利费	制造费用	合计
月初在产品成本	18 000	5 000	11 000	34 000
本月生产费用	50 000	7 800	25 200	83 000
生产费用合计	68 000	12 800	36 200	117 000
半成品成本	44 000	8 800	20 200	73 000
月末在产品成本	24 000	4 000	16 000	44 000

答题表 2-3-14　产品成本明细账

第一车间：产成品 A　　单位：元

项目	原材料	工资及福利费	制造费用	合计
月初在产品成本	12 000	4 000	3 000	19 000
本月生产费用	73 000	32 000	12 000	117 000
生产费用合计	85 000	36 000	15 000	1 236 000
半成品成本	69 350	29 600	12 600	111 500
月末在产品成本	17 700	6 400	2 400	26 500

（2）

答题表 2-3-15　产品成本还原计算表

单位：元

项目	还原分配率	半成品	原材料	工资及福利费	制造费用	成本合计
还原前产品成本	—	69 350		29 600	12 600	111 550
本月所产半成品成本	—		44 000	8 800	20 200	73 000
成本还原	0.95	-69 300	41 800	8 360	19 190	0
还原后产成品成本	—		41 800	37 960	31 790	111 500

其中：还原分配率 ＝69 350 ÷ 73 000＝0.95

（3）会计分录：

借：基本生产成本——第二车间　　73 000

　贷：基本生产成本——第一车间　　73 000

借：库存商品——A 产品　　111 550

　贷：基本生产成本——第二车间　　111 550

2.

答题表 2-3-18　第一车间成本计算单

产品名称：半成品 A

摘要	直接材料	直接人工	制造费用	合计
月初在产品成本	1 000	60	100	1 160
本月发生费用	18 400	2 200	2 400	23 000
费用合计	19 400	2 260	2 500	24 160
约当产量合计	200	180	180	
单位成本	97	12.56	13.89	
完工产品成本	15 520	2 009.6	2 222.4	19 752
月末在产品成本	3 880	250.4	277.6	4 408

答题表 2-3-19　第二车间成本计算单

产品名称：半成品 B

摘要	直接材料	直接人工	制造费用	合计
月初在产品成本		200	120	320
本月发生费用	19 752	3 200	4 800	27 752
费用合计	19 752	3 400	4 920	28 072
约当产量合计	210	195	195	
单位成本	94.06	17.44	25.23	
完工产品成本	16 930.8	3 139.2	4 541.4	24 611.4
月末在产品成本	2 821.2	260.8	378.6	3 460.6

答题表 2-3-20　第三车间成本计算单

产品名称：甲产品

摘要	直接材料	直接人工	制造费用	合计
月初在产品成本		180	160	340
本月发生费用	24 611.4	3 450	2 550	30 611.4
费用合计	24 611.4	3 630	2 710	30 951.4
约当产量合计	220	210	210	
单位成本	111.87	17.29	12.90	
完工产品成本	22 374	3 458	2 580	28 412
月末在产品成本	2 237.4	172	130	2 539.4

（1）项目比重还原法

答题表 2-3-21　产成品还原计算表

成本项目	三车间	二车间			一车间			还原后的完工产品成本	
	还原前产成品成本	本月所产半成品成本	占产品成本（%）	第一次成本还原金额	本月所产半成品成本	占产品成本（%）	第二次成本还原金额	总成本	单位成本
直接材料			69	16 981.87	15 520	79	13 415.68	13 415.68	
耗用上一步骤半成品	24 611.4	16 930.8							
直接人工	3 630	3 139.2	13	3 199.48	2 009.6	10	1 698.19	8 527.67	
制造费用	2 710	4 541.4	18	4 430.05	2 222.4	11	1 868	9 008.05	
合计	30 951.4	24 611.4		24 611.4	19 752		16 981.87	30 951.4	

（2）还原率法

答题表 2-3-22　产成品还原计算表

项目	二车间	二车间		车间		还原后的完工产品成本	
	还原前产成品成本	本月所产半成品成本	第一次成本还原金额	本月所产半成品成本	第二次成本还原金额	总成本	单位成本
还原率					0.86	13 347.2	
直接材料			16 930.8	15 520	13 347.2		
耗用上一步骤半成品	24 611.4	16 930.8					
直接人工	3 630	3 139.2	3 139.2	2 009.6	1 728.26	8 497.46	
制造费用	2 710	4 541.4	4 541.4	2 222.4	1 855.34	9 106.74	
合计	30 951.4	24 611.4	24 611.4	19 752	16 930.8	30 951.4	

“课课通”普通高校对口升学系列学习指导丛书

语文、数学、英语
※ 课课通语文（第一册~第五册）
※ 课课通数学（第一册~第五册）
※ 课课通英语（第一册~第五册）
※ 课课通语文、数学、英语复习要领与强化训练
※ 课课通语文、数学、英语仿真模拟测试卷

机电类专业
※ 机械基础学习指导与巩固练习（机电类）
※ 电工技术基础学习指导与巩固练习（机电类）
※ 液压与气动学习指导与巩固练习（机电类）
※ 机械制图学习指导与巩固练习（机电类）
※ 电子技术基础学习指导与巩固练习（机电类）
※ 课课通机电类专业复习要领与强化训练
※ 课课通机电类专业综合理论仿真模拟测试卷

电子电工类专业
※ 电工基础学习指导与巩固练习（电子电工类）
※ 电子线路学习指导与巩固练习（电子电工类）
※ 电工测量仪表学习指导与巩固练习（电子电工类）
※ 电子测量学习指导与巩固练习（电子电工类）
※ 电机与拖动学习指导与巩固练习（电子电工类）
※ 课课通电子电工类专业复习要领与强化训练
※ 课课通电子电工类专业综合理论仿真模拟测试卷

计算机类专业
※ 课课通计算机原理（计算机类）
※ 课课通C语言（计算机类）
※ 课课通计算机组装与维修（计算机类）
※ 课课通计算机网络技术（计算机类）
※ 课课通电子技术基础（计算机类）
※ 课课通计算机类专业复习要领与强化训练
※ 课课通计算机类专业综合理论仿真模拟测试卷
※ C语言同步练习与测试卷（计算机类）

财会类专业
※ 课课通会计基础（财会类）
※ 课课通财务会计（财会类）
※ 课课通成本会计（财会类）
※ 课课通财务管理（财会类）
※ 课课通会计相关法律知识（财会类）
※ 课课通财会类专业复习要领与强化训练
※ 课课通财会类专业综合理论仿真模拟测试卷

ISBN 978-7-121-22282-5
9 787121 222825 >
定价：30.00元（附试卷）

PHEI
策划编辑：张　凌　陶　亮
责任编辑：张　凌
封面设计：张　昱